Abenteuerreisen
zu vergessenen Völkern

HEINRICH HARRER (Hrsg.)

Abenteuerreisen zu vergessenen Völkern

Die letzten Paradiese der Menschheit

Weltbild Verlag

Textmitarbeiter: Lutz Adron, Dieter Bub, Georg Gerster,
Heinrich Harrer, Rolf Jeromin, Hans-Joachim Kürtz,
Oskar Luz, Thomas Maler, Max Mohl, Fred C. Siebeck
Zeichnungen: Karl-Heinz Wirth, Bernhard Ziegler

Genehmigte Lizenzausgabe für
Weltbild Verlag GmbH, Augsburg 1990

Satz und Reproduktion: Mohndruck Graphische Betriebe GmbH,
Gütersloh
Druck und Buchbindearbeit: DELO, Ljubljana
Printed in Yugoslavia
ISBN 3-89350-215-7

Inhalt

Die letzten Paradiese der Menschheit – ich fand sie auf meinen vielen Reisen rings um den Globus in allen Erdteilen: Landschaften von paradiesischer Unberührtheit, bevölkert von Menschen, die am Rande der Zivilisation in einer noch intakten Welt leben, frei von den Zwängen unserer »Leistungsgesellschaft«. Was wissen wir schon von der Vielfalt der Traditionen und Gebräuche, Riten und Tabus dieser »vergessenen Völker«, von ihren weltlichen Gesetzen und religiösen Geboten, ihren Sozialordnungen und Verhaltensweisen – und von ihren Problemen?
Für dieses Buch wurden Berichte über 19 Völker und Volksstämme aus der ganzen Welt ausgewählt. Diese »Bestandsaufnahme« hat den Charakter der Einmaligkeit, denn es gibt auf der Welt praktisch kein Volk mehr, das nicht durch das unaufhaltsame Vorrücken der Hochkulturvölker bedroht wäre. Das gilt sogar für den vor einigen Jahren noch unbekannten, auf der Philippineninsel Mindanao in Höhlen lebenden Stamm der Tasaday. Das Bild links zeigt einige Angehörige dieser Volksgruppe.
Die Begegnung mit den Völkern am Rande »unserer« Welt ist ein Abenteuer besonderer Art. Was wir über sie erfahren, trägt nicht zuletzt dazu bei, unsere eigene Entwicklung besser zu verstehen.

H. Harrer

Professor Heinrich Harrer

Die Kalapalo

Dschungelindianer in den Amazonasurwäldern

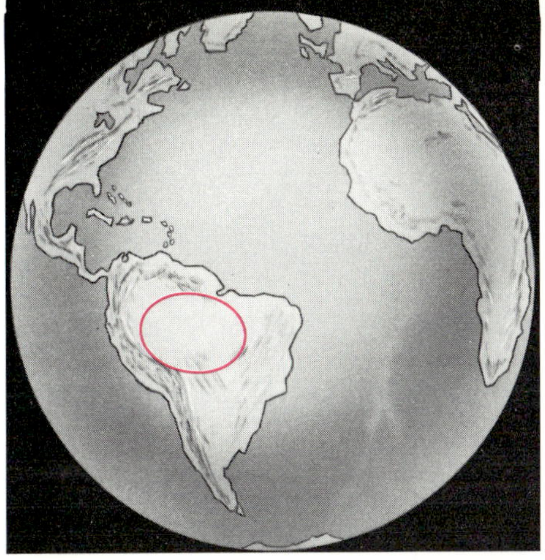

Noch immer gibt es weiße Flecken auf der Landkarte Brasiliens, unerforschte Gebiete in den riesigen Wäldern am Amazonas und seinen Quellflüssen. Ein Gebiet, das 6,5 Millionen Quadratkilometer umfaßt und das die Heimat von etwa 90000 Indianern ist, wo die Flüsse voller Alligatoren und Piranhas sind, die Anakonda von einigen Stämmen als mythisches Wesen verehrt wird und Schmetterlinge und Kolibris als gutes Omen gelten.

Von Wald und Wasser sind die Indianer am Rio Xingu abhängig, denn mit Jagen und Fischen sowie dem Anbau von Maniok befriedigen sie ihre bescheidenen Lebensbedürfnisse (links oben). Der Einbaum und das Rindenkanu sind die wichtigsten Beförderungsmittel auf den Flüssen des Mato Grosso (links). Das Wasser wimmelt von Piranhas und Alligatoren. Die Eingeborenen führen ein sehr harmonisches Familienleben (oben). Die Kalapalo-Kinder werden vor allen Geschwistern geboren, indem die Frau sich auf den Boden hockt und der Vater dann die Nabelschnur durchbeißt.

Der Lebensraum der Xinguaner, einer Gruppe von Indianerstämmen am Rio Xingu im Amazonasgebiet. Seit vor etwa 15 000 Jahren Indianer aus Nordamerika in dieses Gebiet einwanderten, hat sich ihr Lebensstil in den riesigen, größtenteils unzugänglichen Dschungelgebieten Brasiliens kaum verändert.

Rund 90 000 Indianer leben in Dörfern von etwa 100 Einwohnern im Gebiet des Rio Xingu, bis vor wenigen Jahren fast unberührt von neuzeitlichen Einflüssen. Harmonisch haben sie sich der lebensfeindlichen Umwelt angepaßt. Sie sind nicht nur Fischer und Jäger, sondern auch Ackerbauern. Außer Maniok bauen sie Mais, Baumwolle und Tabak. Wenn nach zwei Jahren die Fruchtbarkeit des Bodens erschöpft ist, wird durch Brandrodung neues Ackerland erschlossen. Oft noch mit Steinäxten werden die Bäume gefällt und dann das Unterholz in Brand gesteckt. Die Asche dient der Düngung. Die Indianer haben die Wichtigkeit des Dschungels als Arzneimittellieferant erkannt. Aus verschiedenen Pflanzen gewinnen sie Gifte, Rauschmittel und Heiltränke. Ein aus der Passionsblume gebrauter Trank soll die gleiche empfängnisverhütende Wirkung haben wie moderne chemische Präparate. Salz gewinnen sie aus der Asche verbrannter Wasserhyazinthen, die sie in Wasser auslaugen. Diese Lauge wird zu einem kristallinen Pulver eingekocht, das unserem Kochsalz ähnelt, nur bitterer schmeckt. Das berüchtigte Pfeilgift Curare gewinnen sie aus der Rinde zahlreicher Strychnos-Arten. Dieses Gift wirkt lähmend auf die Atemmuskulatur der Opfer.

Ehescheidung indianisch mit der Hängematte

Die Kalapalo schlafen in Hängematten wie diese junge Indianerin mit ihrem Kind (oben). So sind sie nachts vor Spinnen und Skorpionen geschützt. Die kleinen Mädchen liegen bei der Mutter, kleine Jungen legen sich zum Vater. Eine Heirat ist dann besiegelt, wenn die Hängematte einer Frau unter der ihres zukünftigen Gatten befestigt wird. Hängt eine Frau ihre Hängematte ab und geht damit fort, symbolisiert sie damit die Scheidung. Die Gesichtsbemalung der Mädchen und Frauen ist weniger bunt als die der Männer (l.).

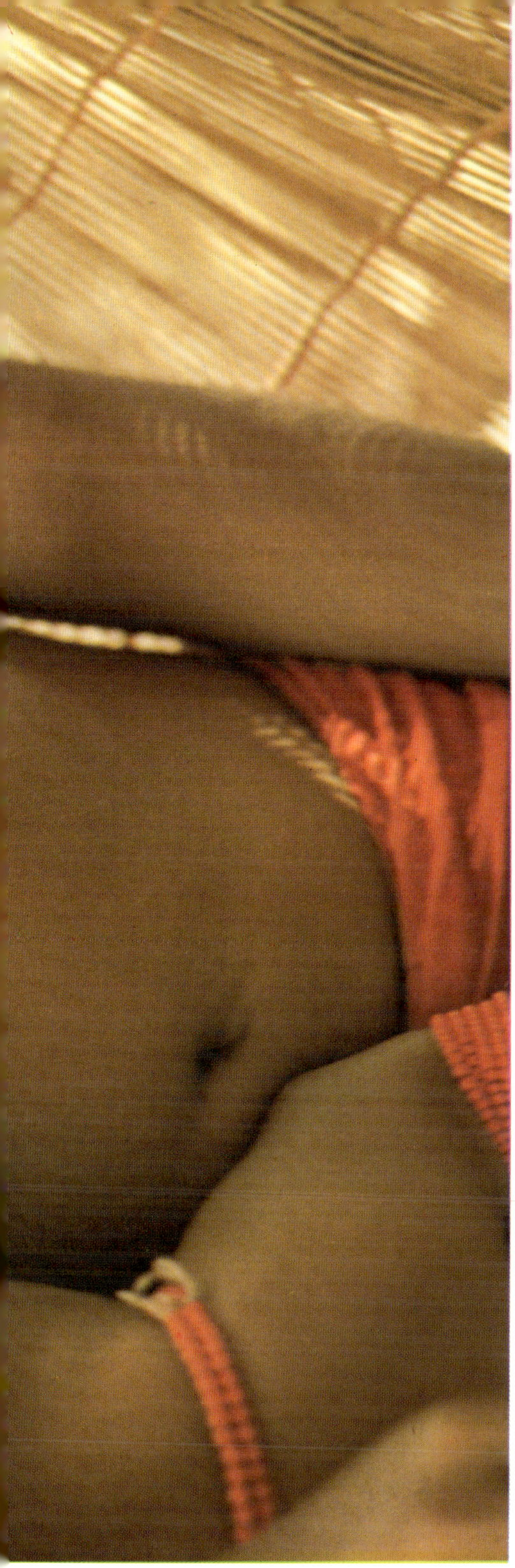

Wenn ein Fest bevorsteht, dauert die Bemalung des Körpers und des Gesichts bei den Männern oft stundenlang. Dabei wird besonderer Wert auf die Haartracht gelegt. Die Haare werden mit einer dicken Paste aus Uruku und Pikiöl eingeschmiert und mit kunstvollen Ornamenten verziert. Die mit Holzkohle ausgeführten schwarzen Schatten um die Augen sollen ihnen das Aussehen von Dämonen geben, um die Geister abzuschrecken (oben). Die Häuser haben einen fast elliptischen Grundriß. Starke Pfosten stützen die Kuppel (l.).

Bemalte Pfähle erinnern an die Verstorbenen

Bei Festen wird auf der Uruiflöte musiziert (die Jakuiflöte bleibt vor den Frauen des Stammes verborgen). Da die in der Natur gewachsenen Bambusrohre sich verjüngen, schneidet man zwei gleichdicke Teile heraus und fügt sie konisch mit Pech und Bienenwachs ineinander, so daß die Flöte in ihrer Gesamtlänge den gleichen Durchmesser bekommt. Immer eine längere und eine kürzere Flöte wird zusammengebunden (links oben). Bei der Festbemalung helfen sich die Indianer gegenseitig. Die meisten Ornamente symbolisieren Tiere und deren Kraft (links). Die Totenpfähle (oben) sind das Symbol jedes Kwarups. Jedes dieser jährlichen Feste ist eine Darstellung des indianischen Schöpfungsmythos. Ein zylinderförmiger Rindenmantel wird vorsichtig abgeschält, bis ein vertieftes, glattes Band entsteht, das mit weißem Ton belegt wird. Mit geraden, trockenen Strohhalmen werden Linien in die weiche Masse gedrückt. Einige der geometrischen Flächen werden mit schwarzer oder roter Farbe bemalt. Sie symbolisieren die Gesichter der Toten.

Früher galt der Huka-Huka-Ringkampf als Mittel zur körperlichen Ertüchtigung der Männer, zur Vorbereitung auf den

Kampf. Heute werden keine blutigen Stammesfehden mehr ausgetragen. Der Huka-Huka wurde zum friedlichen Ersatz.

Vor der feierlichen Aufnahme in den Stamm gehen Jungen und Mädchen in Klausur

Knaben und Mädchen der Kalapalo werden erst nach mehreren Klausuren als Erwachsene in den Stamm aufgenommen. In der Abgeschiedenheit lernen sie alles über die Gesetze des Stammes, die Familie, vergangene Geschlechter, die zahlreichen Mythen der Indianer. Bis zur Reifefeier, die anläßlich eines Kwarup-Festes stattfindet, tragen die jungen Indianer Namen ohne besonderen Sinn. Vom Tage der Pubertätsfeier an werden sie nach einem Vorfahren benannt. Wenn sie dann beim Kwarup um die Totenpfähle tan-

zen, haben sie alle Prüfungen der Vorbereitungszeit hinter sich und sind vollgültige Mitglieder des Stammes. Die Mädchen dürfen dann als Zeichen der Reife das Uluri tragen, jenes Band mit winzigem Dreieck, das symbolisch ihr Erwachsensein zeigt (oben links). Oben: Mit natürlicher Unbefangenheit wird ein Kind gesäugt, die Mutter ist Zuschauerin beim Fest (links). Junge Kalapalo haben übrigens eine helle, gelbbraune Haut – sie wird erst in späteren Jahren durch Sonnenstrahlen und Uruku-Farbe indianer-rötlich.

Vor mir lag der »See der Glückseligkeit«. Durch den leise aufkommenden Wind hatte sich das sonst klare Wasser der Lagune lehmbraun gefärbt, die Farbe der bienenkorbartigen Hütten und Felder des Dorfes, die Farbe der weiten Savanne. Die Sonne versank in einem Dunstschleier am Horizont und kündigte dem alten Schamanen den großen Regen an. Als dunkle Silhouette konnte ich seine aufrechte Gestalt am Ufer des »Sees der Glückseligkeit« gerade noch erkennen. An einem drei Meter langen, biegsamen Ast ließ er das »Wuri-Wuri« durch die Luft sausen, um mit seinem unheimlichen, auf- und abschwellenden Ton die Seelen der abgewanderten Fische zurückzurufen. Im See trieben noch die Kwarup, die Totenpfähle, die sich allmählich mit Wasser vollsaugen und auf den Grund des Sees sinken würden, während die Seelen der Verstorbenen über die Milchstraße ins Paradies schritten. Das waren die letzten Bilder, die sich mir von den Kalapalo-Indianern am Rio Xingu eingeprägt haben.

Ein letztes Paradies mitten im Urwaldgebiet des Mato Grosso. 1500 Kilometer von Rio de Janeiro entfernt und 500 Kilometer nordwestlich der Hauptstadt Brasilia, im südlichen Quellgebiet des Amazonas-Beckens gelegen, genießt der 22000 Quadratkilometer große Xingu-Nationalpark – ein Gebiet von der Größe Hessens – den Ruf, ein Paradies für die Ureinwohner Brasiliens zu sein. Ich hatte die Gelegenheit, einem Kwarup-Fest, einem Fest zu Ehren verstorbener Stammesangehöriger der Kalapalo, beizuwohnen. Ein Kwarup-Fest, zu dem alle Stämme geladen waren: Kamayura, Waura, Yawalapiti, Mehinaku.

Alle diese Stämme bilden eine kulturelle Einheit. Sie werden unter dem Sammelbegriff Xinguaner zusammengefaßt. Alle waren der Einladung gefolgt. Die Häuptlinge der verschiedenen Stämme saßen auf kunstvoll geschnitzten Schemeln vor dem Männerhaus: rotbraune glänzende Körper, verziert mit der roten Farbe Uruku, die mit dem stark duftenden Pikiöl vermischt als geschmeidige Paste aufgetragen wird. Lange bevor die Indianer auf großen Festen ihre Körper damit bemalten, hatten sie die Bedeutung dieser Masse als Schutz gegen Insektenstiche erkannt, und die breiige Paste kühlte bei großer Hitze angenehm die Haut. Als wichtiger Bestandteil des täglichen Lebens hat sie auch eine religiöse Bedeutung: böse Mächte abzuschrecken und Gefahren zu überwinden.

Glich der Dorfplatz bei der Ankunft der

verschiedenen Stämme einem bunten, lärmenden Marktplatz, so war jetzt in Erwartung des »Huka-Huka« spannungsvolle Stille eingetreten.
Ich mußte daran denken, wie der gestrige Tag, der erste des Kwarup-Festes, begonnen hatte.
Die helle Morgensonne war durch das Blätterdach der Buriti und Bakayuva-Palmen gebrochen, und langsam begann sich im Dorf das Leben zu regen. Einige junge Indianerfrauen liefen den schmalen Pfad zum See hinunter, um im warmen Wasser der Lagune ihre Morgentoilette vorzunehmen. Bekleidet waren sie nur mit dem Uluri, ihrem einzigen Kleidungsstück übrigens, einem kleinen Dreieck aus Rinde, das an gedrehten Buritifaserschnüren um die Taille befestigt ist. Es zeigt symbolisch ihr Erwachsensein an, und sie dürfen es erst tragen, wenn ihre Vorbereitungszeit in der Klausur nach Beendigung der Pubertät abgeschlossen ist.
Bevor die Sonne zu sehr brannte, gingen sie durch den Dschungel zu ihren Feldern, um armlange Maniok-Wurzeln auszugraben, die Hauptnahrung der Indianer.
Sie hatten einen einfachen und sicheren Weg gefunden, der stärkehaltigen, braunen Wurzel ihre tödliche Dosis Blausäure zu entziehen. Die Wurzel wurde mit einer scharfen Muschel abgeschabt, bis sie schneeweiß war. Auf einem kunstvoll geschnitzten Holzbrett mit fast tausend scharfen Dornen wurde das weiße, saubere Wurzelfleisch gerieben und dann mit Hilfe einer Siebmatte, dem »Tuavi«, über einem riesigen Tongefäß so lange mit frischem Wasser durchgespült, bis alle Blausäure in das Gefäß abgeflossen war und der entgiftete Brei als dicker Klumpen auf dem Sieb übrigblieb.
Von einer der Hütten drang der würzige Duft von Fischen, die an einem Stangenrost brieten. Er bestand aus einfachen, noch grünen Holzstäben, die von drei pyramidenförmig gegeneinandergelegten Stangen gehalten wurden. Für den Fischfang ebenso wie für die Rodung neuer Felder waren die Männer zuständig. Im knietiefen Wasser schossen sie die Fische mit Pfeil und Bogen oder trieben sie mit Timbo, einem Pflanzengift, an die Oberfläche und fingen sie mit Körben ein.
Nicht alle ließen sich von der hektischen Betriebsamkeit mitreißen. Etwas abseits, unter einem schattenspendenden Pikibaum, saß eine alte Indianerin. Mit einem »Jajap«, einem Kratzer aus dem Stück einer alten Kalebassenschale, das mit den spitzen Zähnen des Hundsfisches besetzt war, ritzte sie einem jungen Indianer feine Rillen in die Haut, bis Blut hervortrat. Sie kratzte ein Ornament, von dem sie wußte, daß es Kraft und innere Stärke verlieh.
Am Vorabend des großen Festes senkte sich die Dunkelheit über den Dorfplatz. Begleitet vom eintönig-leiernden Gesang zweier Schamanen und dem rhythmischen Klang der Rasselkürbisse stellten die Kalapalo die drei bemalten Totenpfähle vor dem Männerhaus auf. Zusammengekauert hockten die nächsten Verwandten zu Füßen der Pfähle und beklagten unter lautem Weinen die Toten. Dann wurde das riesige Feuer angezündet. Begleitet vom Klang der Uruiflöten und gespenstisch erhellt vom flackernden Feuerschein begann der berauschende Kreistanz um die Totenpfähle, den der ganze Kalapalostamm mittanzte.
Am Tag des Festes sammelten sich die Gäste um den Dorfplatz. Die Männer hatten ihren kostbaren Federschmuck zusammen mit den Jaguarkrallen oder Muschelketten bereits ihren Frauen zur Aufbewahrung gegeben. Ihre mit Pikiöl stark eingefetteten Körper glänzten in der Sonne. Spürbare Spannung lag in der Luft, denn das Zauberwort hieß Huka-Huka, der friedliche Ringkampf der Stämme untereinander. Traditionsgemäß forderte immer der einladende Stamm alle anderen Stämme auf. Die Kalapalo mußten also gegen jeden Stamm kämpfen. Umringt von der begeistert schreienden Masse der Zuschauer stürzten sich jeweils zwei Kämpfer aufeinander. Verloren hatte, wer zuerst auf dem Rücken lag. Immer wieder gellten die anfeuernden Huka-Huka-Rufe.
Stunden später sah der Dorfplatz fürchterlich aus. Der Boden war aufgewühlt, die Totenpfähle bedeckte eine dicke Staubschicht. Erschöpft und hungrig stürzten sich die Kämpfer auf das von den Frauen vorbereitete Essen. Und bald wurde bei Maniokbrot und Räucherfisch schon der Termin des nächsten Kwarupfestes besprochen.
Eine heile Welt am Amazonas? Ich fand sie so vor, wie ich sie beschrieben habe. Inzwischen geschah Grauenvolles. Mit dem Bau einer großen Autostraße quer durch Brasilien wurde das Land der Indianer plötzlich für Bodenspekulanten interessant. Die Indianer selbst waren nun »im Wege«. Tausende von ihnen wurden grausam hingemetzelt. Und niemand weiß zu sagen, ob die verspäteten Bemühungen, eines der letzten Paradiese zu erhalten, Erfolg haben werden.

Wild und Fische gibt es im Xingugebiet in Hülle und Fülle. Mit dem Einbaum fahren Kalapalo (links oben) in ihr Fisch-Revier oder jagen mit der Steinschleuder (links unten) im Dschungel außerhalb des Dorfes. Ihre Bogen sind aus dem gelblichen, elastischen Holz des Aratabaumes geschnitzt, die Sehnen werden aus Turkumfasern gedreht (unten). Ihrer Treffsicherheit fiel auch ein Zitteraal zum Opfer (ganz unten).

Die Navaho

Prärieindianer im Reservat von Arizona

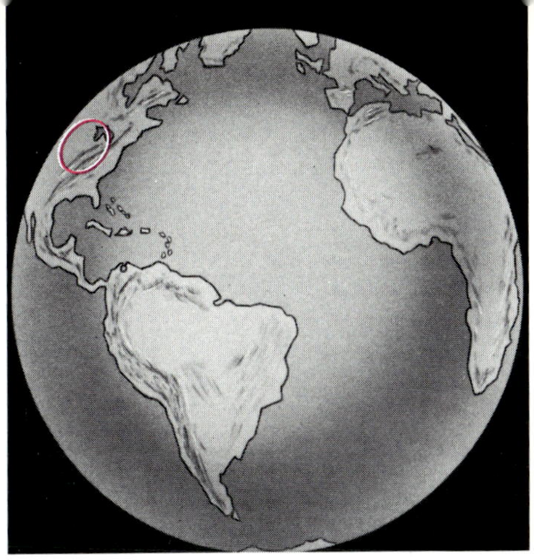

Das athapaskische Volk der Navaho, deren Name auf das Tewa-Wort Navahu zurückgeht, was etwa »weites Gebiet kultivierten Landes« bedeutet, siedelt in einem Schutzgebiet, das Teile von Neu-Mexiko, Arizona und Utah umfaßt. Der Stamm, der die höchste Geburtenrate aller Indianerstämme Nordamerikas aufweist, lebt wie in Urzeiten zwischen roten Felstürmen und trockener Steppe in Hogans, zeltartigen Erdhütten.

Der »Herr der Bäume«

»Ich habe meinen Bruder getötet«, sagt der zum »Herrn der Bäume« betende Navaho, wenn er eine Pinie gefällt hat. Selbst der junge Indianer, der im Rahmen des Navaho-Hopi-Programms Bildung erlangt hat (oben), verehrt in geheimen Ritualen die »heiligen Wesen«, wie es schon seine Vorfahren in der Klippensiedlung Betatakin (rechts) getan haben. Diese Siedlungen, die »Cliff-dwellings«, entstanden vor etwa 800 Jahren als uneinnehmbare Festungen, aber auch als »Mietskasernen«.

Spanische Missionare lehrten die Navaho den Umgang mit Schafen, machten sie zu Viehzüchtern (links) und unterwiesen sie im Wollspinnen. Spanier brachten ihnen bei, auf einem Holzrahmen Teppiche zu knüpfen (unten) und Decken zu weben. Im Gefolge der Spanier erblickten die Navaho aber auch zum erstenmal Pferde (ganz unten), vor denen sie zu Tode erschraken, bevor sie sich auf Raubzügen ihrer bemächtigten. »Das spanische Erbe hat unser Volk davor bewahrt, vorzeitig zu Manitu einzugehen«, sagen die Navaho. »Ohne die Anleitung durch die Spanier lägen wir längst in einer Mulde unter der Steppe.«

Schafzucht sichert die Existenz der Navaho

Als Maisbauern müßten die Navaho verhungern. Des kargen Bodens wegen haben sie aber auch als Großviehzüchter nur geringe Chancen (links). Ihr bescheidener Wohlstand als Wollspinner, Teppichknüpfer und Deckenweber gründet sich ausschließlich auf die Schafzucht, Grundlage ihrer Existenz.

Durch Staatsangehörigkeit sind die Navaho Amerikaner. Aber der amerikanische Paß, so sagen sie, ist nur wie eine Decke über der Schulter. Wenn man im Hogan die Decke abnimmt, ist man bis auf die Haut ein Navaho. Sie wurden einst aus den »Wolkenkratzerwohnungen« der frühgeschichtlichen Felsenstadt Betatakin (oben links, oben) in die Steppe verschlagen. Jedoch: »Nach Betatakin kehren wir als ungebrochene Navaho zurück, wenn Manitu uns ruft.« Die Navaho gelten als die wildesten Indianer und als die am wenigsten gebildeten Amerikaner. Sie sind auch die ärmsten. Der Boden ist so dürftig, daß ein einziges Pferd 40 Hektar Land als Lebensraum beansprucht. 1775 waren die Navaho der reichste Stamm im Südwesten der USA. Dann kamen die weißen Siedler und vertrieben die Navaho aus deren Jagdgründen. Hundert Jahre später kehrten etwa 3000 Überlebende in die alte Heimat zurück. Heute sind es 150000. Sie leben in einer rund 40000 Quadratkilometer großen Reservation – das entspricht etwa dem Gebiet von Baden-Württemberg.

Die Sonne heizt der Erde mächtig ein. Meine Füße schleifen durch dürres Gras, das die brennende Trockenheit gehärtet hat. Die steifen Halme ragen wie gelbe Federkiele aus rotem Staub, einzige Nahrung schwächlicher Schafe, die hier fressen, ohne satt zu werden. Vierkantige Felsenwülste, unbewachsene, schwärzliche Gesteinsbunker, die so bösartig wirken, als habe die Erde sie ausgespien, versperren den glutigen Himmel.
Wer Arizona aus den Filmen der Traumfabrik kennt, hält es für ein amerikanisches Prachtstück. Wer zwischen Disteln und Kakteen, den Wegweisern der Einsamkeit, in seiner eigenen Staubwolke wandert, weiß es besser. Dieser ausgedörrte Landstrich ist Navaho-Gebiet. Hier hat die Natur, die man anderswo segensreich nennen mag, mit dem Segen zurückgehalten. Schon der Anblick der Leere macht betroffen.
Axtschläge dröhnen in einem Canyon. Eine Pinie fällt. Der Indianer, der den Baum umgehauen hat, hockt in Demutshaltung auf dem Pinienstamm. Er betet. Die Axt im Arm, bittet er den Herrn der Bäume, ihm den Frevel, den er aus Notwendigkeit habe begehen müssen, zu vergeben: »Ich habe meinen Bruder getötet«, sagt er in gestammelter Wiederholung; mit dem Bruder meint er die Pinie. Dieser Indianer ist mein erster Navaho.
Er trägt Cowboystiefel unter der grellfarbigen Pendleton-Decke, Silbergürtel, Bisonweste und Armbanduhr. Doch der modische Schein trügt. Lange beklagt er das Leben, das er zerstört habe, bevor er damit beginnt, die Zweige zu kappen. Kein Navaho hackt leichtfertig einen Baum ab oder tötet ohne Hungerzwang ein Tier. Hat er schlachten müssen, sucht er den Herrn der Tiere im Gebet zu versöhnen. Nicht priesterliche Anmaßung bestimmt den Glaubensvollzug, sondern eine geschwisterliche Ehrfurcht vor dem Leben. Jegliches Leben ist in der lebensarmen Navaho-Steppe kostbar. Religion ist keine Privatsache. Wer sich gegen einen Menschen, gegen einen Baum oder ein Tier vergeht, versündigt sich an seinem Stamm.
Flüchtig betrachtet, mag sich manche Gewohnheit der Navaho geändert haben. Doch im Grunde sind sie bis zum Mongolenfleck die nomadischen Jäger geblieben, die von Sibirien über Alaska auf der Fährte der Bisons in die Grasländer des Südens zogen und mit den Pueblo eine Siedlungsgemeinschaft eingingen. Von den Pueblo übernahmen sie den Regenfeldbau. Manche Rituale gründen in der Religion der Pueblo.
Selbst jene Navaho, die im Rahmen des Navaho-Hopi-Programms zu Bildung gelangt sind, glauben an Etsay Hasteen als den »Ersten Mann der Oberen Welt«; sie verehren Begochiddy, den Gott der Schöpfung, und Haschje Altye, den sprechenden Gott. Ihre Glaubensvorstellungen konnte Washington nicht beschneiden.
Unter den kultischen Handlungen verblüfft die Kunstfertigkeit der Sandmaler. Sie lassen ihre Gemälde zwischen den Fingern hervorrieseln. Zu den Gesängen der Umsitzenden, die den Vorgang begleiten, streut der Maler, Künstler und Priester in einem, sein Bild auf den Boden des Hogans. Der Ritus regelt die Kunst.
Mit zerriebenen Pflanzen, pulverisierter Holzkohle und zerkrümeltem Sandstein, rot, gelb, weiß, werden formelhafte Bilderschriften zu mythischen Malereien zwischen Daumen und Zeigefinger gestrichelt. Die vornehmlich verwendeten Farben Weiß, Blau, Gelb, Schwarz deuten auf die Wohnorte der Götter, die vier Himmelsrichtungen.
Hunderte von Bildvorlagen, die nur durch Anschauung überliefert werden, kennen die Sandmaler. Sie halten sich streng an die Vorschrift, um die beschworene Harmonie zu bilden. Nur wenige dieser Sinnbilder, deren naive Ausdruckskraft sie zu Kunstbildern erhebt, haben Weiße bisher zu Gesicht bekommen. Ist die volle Harmonie zwischen den heiligen Wesen und den Navaho hergestellt, wird das Gemälde in alle Winde verstreut.
Er heiße Lopez, verrät mir der Baumfäller. Vor zwei Jahren habe er noch Pedro geheißen. Ipi sei er als Kind genannt worden. Warum vertauscht er die Reservation nicht mit Santa Fé? Er dürfe seinen überalterten Klan, der kräftige Arme zur Lebensbewältigung brauche, nicht verlassen; er besitze ein einfühlsames Tierverständnis; seine achtzig Schafe seien die besten; im übrigen verspreche er sich vom ratternden Einerlei eines Lastwagenfahrers in Santa Fé kein Glück. Im steuerfreien Gebiet der Reservation, unter dem Paragraphenschutz Washingtons, das die verbriefte Treuhandschaft der Regierung mit Altersrenten und landwirtschaftlichen Zuschüssen garantiere, könne er zwar nicht tun, was er wolle, doch er dürfe lassen, was ihm nicht behage. Fühlt er sich von den Weißen unbehelligt? Ja, er fühle sich nicht sonderlich behelligt, denn der kontrollierende Beamte des Indian Service erscheine nur alle paar Monate. Fühlt er sich frei? Nein, frei fühle er sich nicht. Aber unbehelligt fühle er sich.

Sogar auf der Fifth Avenue in New York ist der Perlenschmuck der Navaho (oben) eine geschätzte Kostbarkeit. Die Handwerkskunst der Schmuckhersteller deutet auf mittelamerikanisch-indianische Einflüsse, die jedoch mit Phantasie und Können verfeinert worden sind. »Wir erhellen die graue Steppe mit funkelndem Silberglanz«, sagen die Navaho. Ihre Tanzbekleidung (rechts) blieb durch die Jahrhunderte unbeeinflußt. Sie entspricht unverfälschter Überlieferung – ebenso wie die Tänze selbst.

Die Grenzen, hinter denen die Navaho gehalten werden, umschließen ein Schutzgebiet von 40000 Quadratkilometer Ausdehnung. Doch diese gigantische Zahl verbirgt die schlichte Wahrheit. Hinter der Zahl dorrt das Nichts. 40 Hektar Land braucht ein Pferd als Lebensraum. Auf diesem Hochplateau fruchtet nur schwache Ernte. Als Maisbauern wären die Navaho wie viele der dreihundert Stämme, die ehedem nördlich des Rio Grande gesiedelt haben, längst zu Manitu eingegangen.
Doch der Überlebenszwang hat die Navaho gefordert. Sie unterwarfen sich der Not, um ihr zu entwischen. Die Schafzucht, die ihnen die Missionare beigebracht hatten, und die Kenntnis vom nutzbringenden Umgang mit der Wolle kam ihnen zustatten. Die Teppiche, die sie in Heimarbeit knüpfen und mit heiligen Zeichen verzieren, und die prachtvollen Decken, die sie weben; die Ketten aus Silberperlen, die Armbänder, die Amulette, die stilisierten Melonenblüten, die sie nach spanischem Muster aus Neusilber fertigen; das Öl, das sie aus Nüssen von Föhren pressen; die unkriegerischen Kriegstänze, die sie beim Pow Wow mit stumpfem Tomahawk vor Touristen aufführen: Das alles bringt Dollars in die Lagerkasse. Und Dollars, sagt Lopez, seien hilfreich, um die Freiheit zu bewahren.
Welche Freiheit? frage ich mich. Doch, allerdings – die Reservation unter freiem Indianerhimmel ist den Navaho eher zu wünschen als ein verwahrloster Vorort im Großstadtdunst.
Auf dem Ritt nach Gallup treffe ich in gelber Wüstenei auf eine zeltartige Erdhütte im Altväterstil, von drei gegabelten Stangen gehalten, die Fugen mit Rinde gefüllt und mit Lehm bestrichen. In solchen Hogans haben jahrhundertelang die Navaho den Sandstürmen getrotzt.
Keine zehn Galoppsprünge später, in einer Senke, bemerke ich mehrere sechseckige Hogans, die Lopez neumodisch nennt. Eine Indianerin, stark gerunzelt, hockt vor einem der Blockhäuser und spult den Wollfaden über den Webrahmen. Eine glutäugige Hübsche im Kalikorock und mit Velvetbluse, die untätig, aber kokett zusieht, hält das Wiegenbrett im Arm, auf das sie ihr Baby geschnürt hat. Ihr Ehemann hämmert Silberperlen zu einer Kette. Pferde wiehern.
Letzte Paradiese? An seiner unverbildeten Ursprünglichkeit gemessen, mag das Navaholand ein Paradies genannt werden. Doch Milch und Honig fließen hier nicht.

Die Eskimo

Vom Überleben in der Eiswelt der Arktis

Sie leben am Rande des ewigen Eises – die Eskimo, die auf ihrer Wanderung von der Mongolei über Nordostasien und die Beringstraße nach der letzten Eiszeit den amerikanischen Kontinent erreichten. Heute zählt man 80 000 ihrer Nachfahren auf Grönland, in Kanada, Alaska und auf der russischen Chukchi-Halbinsel. Das arktische Meer gibt ihnen ihre Nahrung. Sie selber nennen sich »Inuit« (»Menschen«).

 Sie selber nennen sich Inuit, das heißt »Menschen«. Von den Indianern wurden sie Eskimo genannt, »Rohfleischesser«. Sie

sind ein Volk der eisbergbewehrten Küsten. Ihre Nahrung: Robben, Walrosse, Wale, Eisbären und Fische.

Überleben im Eis – die Natur half ihnen dabei

Im Lauf der Jahrtausende haben sich die Eskimo der menschenfeindlichen Arktis angepaßt. Dabei half ihnen die Natur mit besonderen Schutzmechanismen – selbst ein Bad im kalten Wasser schadet nicht (ganz links). Fensterputz bei Kanada-Eskimo (oben): Neuschnee wird von der Eisscheibe des Iglu gekratzt. Heute wohnen die meisten Eskimo allerdings schon in festen Häusern wie hier in Grönland.

Hunde, Kajak – und dazu eine reiche Jagdbeute

Seit vielen hundert Jahren ist der Hund, das Zugtier für den Schlitten, der unentbehrliche Begleiter der Eskimo in der Einsamkeit der arktischen Eiswüsten (oben). Von einer kräftigen Meute hängt oft das Leben ab. Links: Ein Meisterwerk der Schiffbaukunst ist der Kajak, der seinem Besitzer stets »auf den Körper geschneidert« wird.

Einst lieferte die Robbe dem Eskimo alles, was er für seine Existenz brauchte: Fleisch, das oft für Wochen die einzige Nahrung darstellte, Tran für Lampen und Herd, Haut für die Kajak- und Zeltwände und Knochen für die Herstellung von Waffen und Geräten. Als vor 250 Jahren die arktischen Handelsgesellschaften ihre Aufkäufer nach Grönland schickten, wurden die Robbenfelle zu einem begehrten »Exportartikel«. Oben: Eskimo beim Robbenfang. Links: Robbenfelle werden zum Trocknen ausgelegt.

Seit Stunden hatte sich die »Karale« stöhnend und ächzend durch die Eismassen geboxt, in verwirrendem Zickzack, zwischen aufgetürmten Schollen hindurch, vorbei an gewaltigen Eisbergen. Jeder Versuch der Orientierung war längst sinnlos geworden. Wir vertrauten blind auf Odlaq, unseren Skipper, der in dieser amphibischen Eiswüste zu Hause war. Und wir vertrauten der robust gebauten »Karale«, deren hölzerne Bordwände unter der Gewalt der Schollen krachten, während Odlaq den Kutter vom Mastkorb aus durch ein Gewirr von Rinnen und Waken manövrierte.

Doch als Odlaq aus der eisigen Höhe herabstieg, zeigte sein braunes Eskimogesicht Zeichen von Unruhe. »Der Nebel . . .«, murmelte er. Wir schauten verständnislos in den blauen Junihimmel, die arktische Kulisse um uns lag im strahlenden Sonnenschein, die driftenden Eiskolosse glänzten kristallen. Der Szenenwechsel kam abrupt: Schmutzige Fetzen schoben sich vor die Eisberge, graue Schleier voller Kälte fielen auf die »Karale« – in Sekunden hatte der Nebel alles verschluckt. Odlaq hatte die Maschine gestoppt, eine unheimliche Stille kroch herauf.

Die Frage nach der Fortsetzung unserer Reise durch das Eis der grönländischen Ostküste wäre sinnlos gewesen. Odlaq hätte nur mit »imachra« geantwortet, dem häufigsten Wort der Eskimosprache, was soviel heißt wie »Wir werden schon sehen, laßt uns erst einmal abwarten . . .« In diesem Wort liegt die jahrtausendealte Erfahrung der Eskimo, daß alle Zukunftspläne des Menschen unter den extremen Lebensbedingungen der Arktis sinnlos sind. Allein die Natur bestimmt hier das Handeln, dem Menschen bleibt nur die Unterordnung.

Unten in der bulligen Hitze der Kombüse wischte sich Odlaq mit dem Handrücken das triefende Fett von den Lippen und schob uns die Schüssel mit dem Robbenfleisch herüber. Und er erzählte von seinem Großvater, der zu den wenigen Ostküsten-Eskimo gehört hatte, die Ende des vergangenen Jahrhunderts die große Hungersnot überlebt hatten. Als die Robben im Angmassaligk-Distrikt ausblieben, waren ganze Siedlungen zugrunde gegangen. Die wenigen Überlebenden hatten sich nur dadurch retten können, daß sie das Fleisch der Toten aßen. Die Alten des Dorfes hatten sich freiwillig geopfert, damit wenigstens die Generation der Jagdfähigen am Leben blieb – wie es bei den Eskimo noch bis in unser Jahrhundert hinein Brauch war.

Ebenso plötzlich, wie der Nebel gekommen war, verschwand er auch wieder. Kurze Zeit später zerriß ein hundertstimmiges Geheul die Stille. Die Eisberge gaben den Blick frei auf eine Handvoll kleiner Holzhäuser, die über die Felsbuckel der Küste verstreut lagen – dazwischen die hohen Holzgestelle für die Kajaks und das trocknende Robbenfleisch, hoch genug, um beides vor den ewig hungrigen Hunden zu bewahren. Diese wurden erst sichtbar, als wir von Bord sprangen: Hunderte von struppigen, zähnefletschenden Tieren, die überall aus den flachen Felsmulden zwischen den Häusern auftauchten.

Ohne die Hunde hätten die Eskimo kaum in der menschenfeindlichen Arktis überleben können. Sie waren anspruchslose und ausdauernde Zugtiere für die Schlitten, mit denen man in den langen Wintern dorthin fuhr, wo sich die Jagdbeute aufhielt. Auch heute noch kann weder der Motorschlitten noch ein anderes Fahrzeug den Hundeschlitten ersetzen.

Die »Karale« hatte uns nach Isortoq gebracht, einem Hundert-Seelen-Dorf, versteckt hinter den Eisbergen der grönländischen Ostküstengletscher. Zwar haben auch hier – wie überall in den Eskimogebieten Alaskas, Kanadas und Grönlands – bescheidene Holzhäuser den Platz der primitiven Torfhütten, Fellzelte oder Schnee-Iglus eingenommen. Auch gibt es ein Dieselaggregat, das für ein paar Stunden am Tag Elektrizität erzeugt, und ein paar Boote mit Außenbordmotoren. Doch Isortoq lebt noch immer von der Jagd auf die Robbe und den Eisbären.

Erst die Robbe hat menschliche Existenz in den polaren Breiten überhaupt möglich gemacht. Sie versorgte den Eskimo mit allem, was für das Leben notwendig war – mit fettem Fleisch für die Kochtöpfe, mit Speck als Brennmaterial in der baumlosen Eiswüste, mit Fellen für die Kleidung und die Stiefel, mit Häuten für die Kajakbespannung und das Zelt, mit Riemen und Nähgarn aus Sehnen, mit Knochen für Gerät und Waffen. Vertrieben Klimaänderungen die Robbe für längere Zeit, so verhungerten ganze Siedlungen. Neben dem Seehund waren Walroß, Wal, Eisbär und Vögel die Nahrungslieferanten für die Eskimo.

Mit Boas, dem Katecheten von Isortoq, waren wir hinausgefahren in das Sommerlager der Jäger. Isaias hatte sein Zelt an einem schmalen Meeresarm zwischen zwei Inseln aufgeschlagen. Vor dem Zelt tummelte sich eine Schar rotznäsiger Kinder. Neben einer Wanne mit blutigem

3 Generationen – durch Jahrhunderte getrennt

Die Entwicklung der Arktis ist in den letzten Jahrzehnten geradezu explosiv verlaufen. Die Generation der Alten (oben: Frau aus Ostgrönland) hat noch in der primitiven Jägerkultur gelebt. Die Enkelkinder (rechts) sind Angehörige der modernen Industriegesellschaft. Die handwerkliche Kunstfertigkeit, einst für das Überleben wichtig, dient heute vor allem der Souvenirerzeugung.

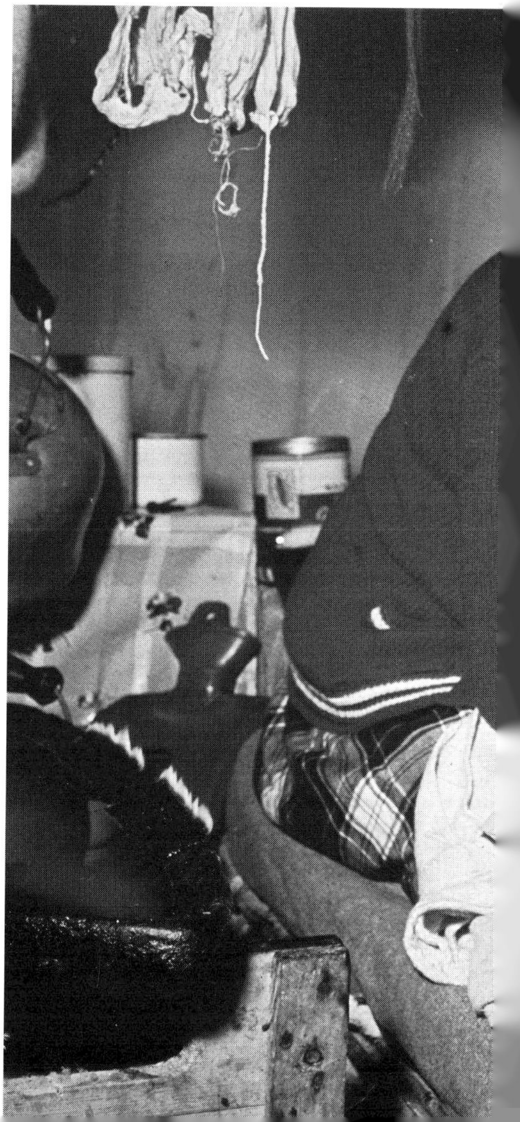

Robbenfleisch schabte seine Frau mit dem Uolo, dem Frauenmesser, die Fettreste von einem Seehundsfell. Ein anderes trocknete zwischen den Felsen, im Zelteingang baumelte ein Paar der kunstvoll gearbeiteten, wasserdichten Pelzstiefel. Das Seehundsleder dafür wird auch heute noch von den Eskimofrauen weichgekaut. Neuere Forschungen sehen in dieser Tätigkeit sowohl einen Prozeß der Lederverarbeitung als auch die von Generation zu Generation vererbte Notwendigkeit, selbst die im Fell noch steckenden Nahrungsstoffe zu verwerten.
Isaias hockte währenddessen unbeweglich auf einem Felsen über dem Wasser – Stunde um Stunde. Vor ihm lag sein Karabiner auf einem schlittenartigen Holzgestell, ein paar Schritte entfernt, am Ufer, sein schmaler Kajak. Für ein paar Sekunden nur hatte sich auf dem Wasser ein schwarzer Fleck gezeigt, da krachte auch schon der Schuß. Das Wasser färbte sich rot, die Robbe war getroffen. Isaias rannte zu seinem Boot; ehe die Jagdbeute für immer versank, war er mit seinem Kajak zur Stelle.
Mit der toten Robbe im Schlepp paddelte er dem Ufer zu. Wie der Hundeschlitten ist auch der Kajak seit Jahrhunderten unentbehrliches Requisit für das Überleben in der Arktis. Dieses leichte Fahrzeug, das für seinen Besitzer »maßgeschneidert« wird, gilt als ein Meisterstück der Schiffbaukunst, das in der Welt nicht seinesgleichen hat.
Rund 80000 Eskimo leben heute am Rande der Polarkappe – verstreut über ein Küstengebiet, das sich über mehr als zehntausend Kilometer von der asiatischen Chukchi-Halbinsel im Osten über Alaska und Kanada bis nach Grönland im Westen erstreckt. Die Vorfahren der heutigen Eskimo kamen vor mehr als 5000 Jahren vermutlich aus der Mongolei über Nordsibirien und die Beringstraße auf den amerikanischen Kontinent. Von dort wanderten sie über Kanada bis nach Grönland. Im Laufe dieser Wanderung hat sie die Natur mit einem Wärmeschutzmechanismus versehen, der sie – durch Veränderungen im Stoffwechsel – selbst extremste Temperaturen ertragen läßt.
Die moderne Zivilisation hat auch vor der eisigen Heimat der Eskimo nicht haltgemacht. Auf der Jagd nach Öl und anderen Bodenschätzen ist man bis in die Eiswelt der Arktis vorgedrungen, die Jahrtausende nur dem Volk der Eskimo gehörte, den »Inuit«, wie sie sich in ihrer eigenen Sprache nennen – den »Menschen«.

Die Lappen

Besuch bei den letzten Nomaden Europas

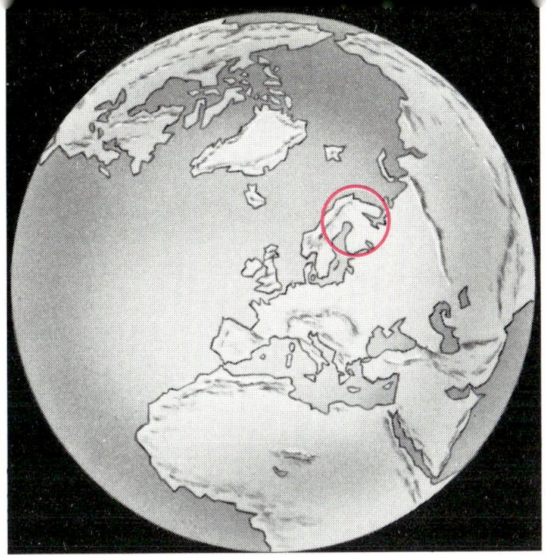

Die Nordkalotte, die »Mütze Europas«: hier, am äußersten Rand des Kontinents, lebt das alte Volk der Lappen oder Samen. Es ist ein »Volk der vier Nationen« – 20 000 gibt es in Norwegen, 15 000 in Schweden, 4 000 in Finnland und 3 000 in Rußland. Die Lappen sind die letzten Nomaden Europas. Sie folgen ihren Rentierherden. Die Industrialisierung macht auch vor ihnen nicht halt. Doch noch lebt das alte Lappland.

FINNLAND
NORWEGEN
SCHWEDEN
DÄNEMARK

Die Herkunft der Lappen, die Zeit ihrer Ankunft in Skandinavien liegen im dunkeln. Wahrscheinlich wanderten sie aus den Tundren Nordeurasiens westwärts und erreichten um die Bronzezeit Finnland. Noch im Mittelalter besiedelten sie weite Teile der mittleren skandinavischen Halbinsel. Dann wurden sie immer weiter in den menschenfeindlichen Norden abgedrängt. Auch heute noch folgen viele Lappen ihren Herden auf dem Rentierschlitten und vertauschen für ein paar Monate das feste Haus mit Zelt oder Torfhütte.

48 *Das »Raido«, die Wanderung mit den aneinandergebundenen Rentierschlitten, sieht man immer seltener in der weglosen*

Einöde Lapplands. Heute folgen viele Samen ihren Herden bereits auf dem schnellen Motorschlitten.

Wie der Farbrausch der Tundra im Herbst

Acht Monate im Jahr bedeckt der Schnee das Land hinter dem Polarkreis. Die Natur verzichtet auf alle farblichen Akzente, die Eintönigkeit beginnt bedrückend zu werden. Die Menschen versuchen, die Melancholie der Landschaft mit dem farbenprächtigen Schmuck ihrer Kleidung zu begegnen. Breite Borten und Bänder, in den leuchtenden Farben des Herbstes mit Ornamenten oder Blumenmustern bestickt, zieren das traditionelle dunkelblaue Tuchwams der Samen. Besonders farbenprächtig sind die Trachten um Kautokeino in Norwegen, wo die Schmuckbänder oft den halben Rücken bedecken. Aus der Kopfbedeckung läßt sich der Herkunftsort eines Samen ablesen. Die Frauen tragen in den meisten Gegenden kappenartige Mützen, die Männer die mehrzipfelige Kalotte, an der oft lange bunte Seidenbänder flattern. Riesige Broschen und Schließen aus Gold oder Silber dürfen an der Lappenkleidung nicht fehlen. Von den Rentier-Lappen wird die Tracht noch täglich getragen – den seßhaften gilt sie als Symbol der Gemeinschaft.

52 *Der Winter verwandelt die Nordkalotte in eine kälteklirrende Schneewüste. Doch Felle und Feuer (rechts) wärmen.*

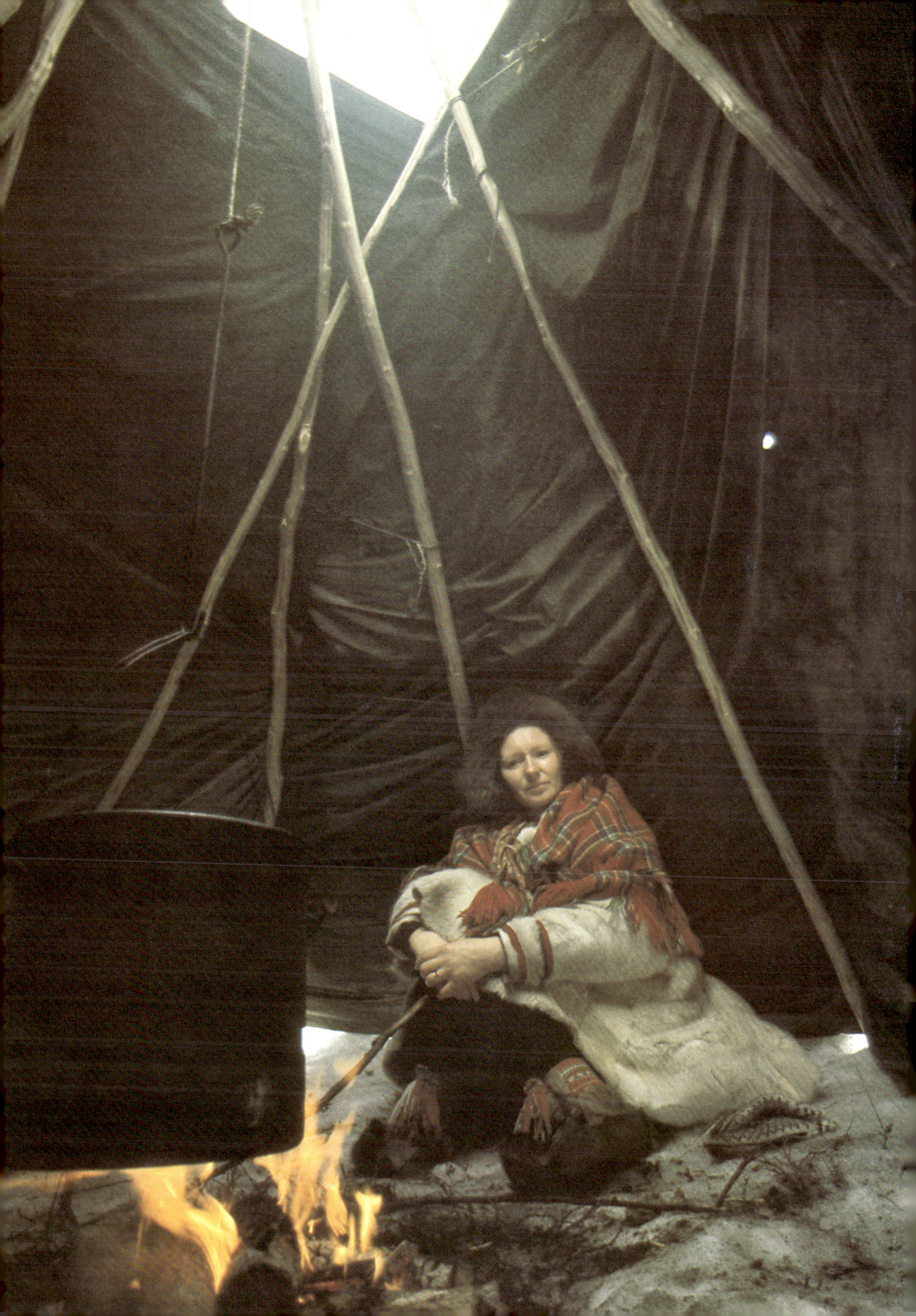

Die Reichtümer der arktischen Natur

Sie fühlen sich nicht als Herren der Natur, sondern halten sich selber für ein Stück von ihr. Danach haben sie seit Jahrtausenden gelebt, und danach leben viele von ihnen noch heute. Die Natur hat ihnen stets gegeben, was sie für ihr Dasein brauchten. Fleisch lieferten ihnen ihre halbwilden Rentierherden, die einmal im Jahr zum großen Poronerotus, zum Auseinandersortieren, zusammengetrieben werden – ähnlich wie es ja auch mit den Rinderherden in den Alpen geschieht. Aus den Fellen der Rene fertigen sie nach wie vor ihre Schuhe und die warme Winterkleidung. Die ungezählten Seen und Flüsse Lapplands bereichern den Speisezettel der Samen mit Fischen. Das Wild der Arktis, die Polarfüchse, Wölfe, Schneehasen und Robben, dient als willkommener Pelzlieferant. Die Fellarbeiten der Lappen sind berühmt.

Sie haben den wütenden Riesen Stallo besiegt, den ärgsten Feind ihres Volkes, und Leibolmai, den Eigner der Bären. Sie haben das Sagenvolk der Tschuden abgeschüttelt, das sie unterdrückte, und Frieden mit dem furchterregenden Wassermann Cacce Olmai geschlossen. Ihre Siege errangen sie selten im offenen Kampf – meist griffen sie zur List oder sie zogen sich in die unwegsamen Wälder und Sümpfe zurück. Denn das Volk der Samen – wie sich die Lappen in ihrer eigenen Sprache nennen – war stets ein friedfertiges Volk. Unter dem Druck der Russen, Finnen und Schweden wichen sie im Laufe der letzten Jahrhunderte immer weiter an den äußersten Nordrand des europäischen Kontinents zurück, bis sie in den subarktischen Gebieten der Nordkalotte ihren endgültigen Lebensraum fanden.

Im Sommer 1969 erlebte das Kirchdorf Inari im finnischen Lappland eine ungewöhnliche Invasion: sechzig Wissenschaftler verwandelten die Schule des Ortes vorübergehend in ein Forschungszentrum. Wochenlang wurden die 700 Angehörigen des kleinen Stammes der Skolt-Lappen, die bei Kriegsende aus dem heute russischen Petsamo-Gebiet nach Finnland umgesiedelt wurden, geröntgt, gemessen, gewogen, mit Kälte beschossen und künstlichem Streß ausgesetzt.

Mit diesem wissenschaftlichen Großeinsatz wollte man erforschen, welche besonderen Schutzmechanismen die Natur für die Lappen bereithält, damit sie im rauhen Klima der Subarktis überleben können. Die Skolt-Lappen boten sich dafür an, weil sie als isoliert lebende Gruppe die Eigenarten des samischen Volkes am besten bewahrt haben.

Aber die Inari-Expedition sollte auch weiteres Licht in das Dunkel bringen, in das sich die Geschichte dieses Volkes verliert. Denn bisher weiß man nicht, wann die ersten Lappen in Skandinavien auftauchten und woher sie kamen. Die typischen Rassenmerkmale – der gedrungene Körper mit den überproportional langen Armen, die Dreiecksform des Schädels und die Besonderheiten der Blutgruppe – lassen keine eindeutigen Rückschlüsse auf ihre Herkunft zu. Noch gibt es nur Theorien: ein westlicher Stamm der Samojeden, sagen die einen, ein Seitensproß jenes Stammes, aus dem einst die weiße und die gelbe Rasse entsprangen, sagen die anderen. Die Lappen selber stellen sich hinter die Theorie, die sie als ein eigentliches Urvolk der Eismeerkultur einordnet, dessen Wurzeln weit in die letzte

Ererbte Techniken für das Überleben im Eis

Für das Überleben unter den harten klimatischen Bedingungen des Nordens haben die Lappen besondere Techniken entwickelt, die von Generation zu Generation weitervererbt werden. Dazu gehört die Kunst des Feuermachens – auch bei härtestem Wetter und selbst in tiefstem Schnee (Bilder links).

Trotz des Feuers können die Temperaturen im Zelt auf minus 30 Grad und tiefer absinken. Dann hilft nur noch die seit Jahrhunderten übliche Winterkleidung der Samen, der auf der nackten Haut getragene Innenpelz aus den weichen Fellen der Renkälber und die Hosen aus dem dichten Pelz der Rentiere, der die Kälte abhält wie kein anderes Material. Dicke Schichten von Heu wärmen die Füße in den Fellstiefeln. Eine besondere Schnürtechnik sorgt dafür, daß weder Schnee noch Wasser eindringen können – auch bei stundenlangen Moorwanderungen nicht.

Eiszeit zurückreichen. Auch die Zugehörigkeit zur finnisch-ugrischen Sprachgruppe, zu der die wogulische Sprache in Nordsibirien ebenso zählt wie die ungarische, macht die Lösung des Rätsels nicht leichter.

Rund 42 000 Samen leben heute über das »Lappland der vier Reiche« verstreut. Sie wohnen an der Eismeerküste der russischen Halbinsel Kola und in der Tundra zu Füßen der Chibiny-Bergkette. Sie weiden ihre Rentiere in der unendlichen Weite der Kiefern- und Birkenwälder zwischen Enontekiö und Inari in Finnland, sie schlagen ihre Zelte in der schwedischen Provinz Norbotten auf oder in der jämtländischen Felseinöde des Kölgebirges. Sie fahren zum Fischfang hinaus in die Fjorde der norwegischen Finnmark oder das offene Nordmeer vor Vardø und Varanger. 20 000 Lappen, so schätzt man, sind es in Norwegen, 15 000 in Schweden, 4000 in Finnland und der Rest in der Sowjetunion.

Auf der norwegischen Insel Kjelmøy warfen Lappen in grauer Vorzeit achtlos fort, was ihnen nicht mehr brauchbar erschien. Jetzt, 1500 Jahre später, förderten die Spaten von Archäologen den historischen Müll von Kjelmøy wieder zutage: zerbrochene Pfeilspitzen und Messerschäfte, Harpunen, Angelhaken und Lachsspeere, aber auch Reste von Mahlzeiten: Fischgräten und Knochen von Seehunden, Rentieren, Füchsen, Ottern und Bibern.

Dieses Sammelsurium illustriert sehr plastisch die Feststellung, daß die Samen ursprünglich ein Volk von Jägern und Fischern waren. Zwar berichten Reisende schon im 9. Jahrhundert von gezähmten Rentieren – doch waren das zweifellos nur Trag- und Zugtiere oder Locktiere, die den Jägern die scheuen Wildrene in Schußweite holten.

Die *Zucht* der Rentiere setzte erst im 16. Jahrhundert ein, als man von der Jagd zur Haltung eigener Schlachttierherden überging. Daraus entwickelte sich Lapplands wichtigster Wirtschaftszweig, der seine Bedeutung auch heute noch nicht verloren hat. Nach wie vor diktieren die halbwild lebenden Tiere mit ihren natürlichen Bedürfnissen den Lebensrhythmus der Lappen. Sie machten das Volk der Samen zu Nomaden – den letzten Nomaden Europas, die noch heute den Wanderungen ihrer Herden folgen; oft über Hunderte von Kilometern in einem festen Zyklus der Jahreszeiten.

Heute lebt mehr als eine halbe Million Rentiere in der Nordkalotte. Die oft tausendköpfigen Herden sind auf der ständigen Wanderung, weil sie nur so in der kargen Natur genügend Nahrung finden. In jedem Frühjahr ziehen sie aus den Wäldern des Binnenlandes in die höheren Regionen. Dort kommen im Mai die Kälber zur Welt. Im Sommer vertreiben Millionen von Mücken die Tiere in die baumlosen Berge oder an die Nordmeerküste. Doch schon mit den ersten Nachtfrösten im August beginnt der Rückweg – über die Herbstwiesen in den Schutz der Wälder. Dort erwartet sie die härteste Zeit des Jahres – vor allem, wenn eine festgefrorene Harschdecke das Freischarren von Moos und Flechten verhindert.

Die Lappen müssen den Tieren folgen – müssen darüber wachen, daß nicht Wölfe, Bären, Vielfraße oder Adler die Herden dezimieren, besonders während der Zeit des Kalbens. Früher zog bei dieser Gelegenheit die ganze Familie mit – während des Winters im »Raido«, der Rentierschlitten-Karawane, im Sommer mit den Packtieren, die Zelt und Hausrat über die Berge schleppten.

Als Zelt diente und dient die offene Kote mit einem Gerüst aus leichten Birkenstangen. Eine dicke Schicht Reisig und mehrere Lagen Rentierfelle isolieren gegen die Bodenkälte. Das offene Feuer in der Zeltmitte darf auch während der Nacht nicht ausgehen.

Heute ersetzen oft Motorschlitten und Auto die Tragtiere. Meist ziehen nur noch die Männer mit den Herden durch die Einöde. Frauen und Kinder bleiben in ihren festen Häusern. Aus den Nomaden sind Halbnomaden geworden. Doch der Kampf gegen die Herausforderung der subarktischen Natur hat nichts von seiner Härte verloren. Die Romantik des Lappenlebens taugt nur für die Touristenwerbung.

Den Höhepunkt im Ablauf des Jahres bildet nach wie vor die Rentierscheidung, das große Auseinandersortieren. Jeder holt sich dabei seine Tiere aus dem Gewirr der zusammengetriebenen Herden. Dann vergißt er für ein paar Tage alle Mühen und Probleme: die neuen Straßen und Eisenbahnen, welche die alten Wanderwege zerschneiden, die Bergwerke und Stauseen, die immer weiter nach Norden wandern und die Weidegebiete einengen, die Touristik-Industrie, die nach der Nordkalotte greift, und die Papierfabriken, denen die Wälder zum Opfer fallen.

Wenn sich die Tiere zu Tausenden im Pferch drängen, wenn das Lasso schwirrt und die Lagerfeuer brennen – dann lebt noch das alte Lappland.

Die Sarden

Hirtenvolk auf der Granitinsel Sardinien

In der vieltausendjährigen Geschichte Sardiniens kam der Feind, kamen Eroberer und Eindringlinge immer vom Meer. Das Hirtenvolk der Sarden hält sich deshalb seit jeher von den Küsten fern. Seine Heimat ist das felsige Binnenland, sind die windzerzausten Korkeichenwälder (Bild unten), die macchiabedeckten Hänge, die fruchtbaren Weidegründe, die Bergketten des Hochlandes. Hier lebt es wie in uralten Zeiten.

60 *Tausende von Wehrtürmen, Nuraghen genannt, gab es vor etwa 3000 Jahren auf Sardinien. Hunderte sind bis heute als*

stolze Ruinen erhalten geblieben, aus schweren Quadersteinen für die Ewigkeit gefügt, Zeugen sardischer Megalithkultur.

Über 2,5 Millionen Schafe und Ziegen weiden die nomadischen sardischen Hirten auf einer Fläche, die doppelt so groß ist wie das für Ackerbau nutzbare Land: größter Reichtum eines armen Landes (ganz oben). Je nach der Jahreszeit werden die Herden in die Ebene oder auf die Berge getrieben (oben). In der wilden sardischen Granitlandschaft findet man immer wieder Korkeichenhaine (rechts). Die Stämme werden in gleichbleibendem Rhythmus alle neun bis elf Jahre abgeschält.

Als letztes Land der Erde schuf Gott die steinerne Insel Sardinien

Eine alte sardische Legende überliefert, wie die felsige Mittelmeerinsel entstanden sein soll: Gott war mit dem Werk der Schöpfung fertig. Nur ein paar Felsen waren übriggeblieben. Er streute sie ins Meer und trat dann mit seiner Feuersandale darauf. Deshalb hat die Insel genau die Form einer Fußspur – und schon die Griechen nannten sie so: Ichnusa. Dann nahm Gott von den anderen Kontinenten, was ihm entbehrlich schien – Wälder und Schluchten, Sand und Sträucher, Ebenen und Flüsse. All das verteilte er über Sardinien, das seitdem ein »Kontinent im kleinen« ist. Die »felsige« Abkunft der Insel wird überall offenbar. Sie erzeugte romantische Küsten (oben) und bizarre Türme (rechts), Granitgebilde mit der Form von Bären oder Elefanten, aber auch kahle Berge von nackter Schroffheit und grandioser Einsamkeit.

Die Seele der Sarden zeigt Merkmale längst vergangener Volksstämme

Zu den schönsten Kirchen Sardiniens gehört SS. Trinità di Saccargia unweit der Provinzhauptstadt Sássari (oben links). Sie steht, mit farbigem Marmor prunkend, in der Einsamkeit eines Wiesentals. Die einst dazugehörige Klosteranlage einer Camaldulenserabtei ist längst zerfallen. Die Dreieinigkeitskirche steht zwar auf sardischem Boden – aber eine sardische Kirche ist sie nicht. Auch sie wurde, wie so vieles auf Sardinien, von »Fremden« gebaut – im fremden toskanischen Stil. Heute ist die Kirche vom Verfall bedroht.

In kaum einem anderen europäischen Land spielt die Großfamilie, der Clan, noch eine so große Rolle wie auf Sardinien. Dem Fremden gelingt es fast nie, in den engeren Familienkreis einzudringen. Der Clan behält seine Geheimnisse für sich. In den Bergdörfern führen die Frauen ein zurückgezogenes Leben, während die Männer mit den Herden unterwegs sind – nur selten verlassen sie das Haus (ganz links). Ausflüge beschränken sich meist auf den Clan (oben). Das schlichte Haus ist der Mittelpunkt des Familienlebens.

Es gibt nur wenige Inselvölker auf der Erde, die sich nicht mit dem sie umgebenden Meer angefreundet haben. Die Sarden sind eines von ihnen – und das schon seit undenklichen Zeiten. Vom Meer kamen immer nur die Feinde, die Eroberer, die Eindringlinge: Mykener und Iberer, Libyer und Korsen, Phönizier und Karthager, Römer und Vandalen, Westgoten und Byzantiner, Sarazenen und Pisaner, Genuesen und Spanier. Sie alle hinterließen ihre Spuren auf der Insel. Aber ihnen allen gelang es nicht, über den Küstenbereich hinaus vorzustoßen und das Hirtenvolk des sardischen Berglandes zu unterwerfen. Es lebt sein eigenes Leben – seit Jahrhunderten, vielleicht seit Jahrtausenden – und gibt noch heute der Republik Italien manche Nuß zu knacken. Wobei anzumerken ist, daß sich die Sarden keineswegs als Italiener fühlen, sondern eben als Sarden, mit eigener Überlieferung, eigener Sprache, eigenen Problemen.

Die Meeres- und Küstenfeindlichkeit der Sarden beunruhigte auch die Wissenschaft. Im 19. Jahrhundert sammelte ein eifriger Kanonikus über 2000 sardische Sprichwörter. Nur drei davon bezogen sich auf das Meer. Und in den drei sardischen Dialekten, die mit dem Lateinischen enger verwandt sind als andere romanische Sprachen, gibt es keine Vokabeln für alles, was mit der Seefischerei zusammenhängt. Fischer waren die Sarden nie, und Küstengrundstücke galten als wertlos. Sie wurden oft an den ungeratenen Sohn der Familie vererbt. Verhielte es sich nicht so, wäre es dem Prinzen Karim Khan nie gelungen, einige Dutzend Kilometer Küstenstreifen im Nordosten der Insel preisgünstig zu kaufen und dort sein Ferienparadies »Costa Smeralda« zu gründen. Für die sardischen Hirten ist allerdings auch der Tourismus, der die Insel erst jetzt zu entdekken beginnt, eine Fortsetzung phönizischer oder genuesischer Eroberungspolitik auf Sardinien mit modernen Mitteln.

Das Reich der Sarden sind die Berge im Inneren des Landes, beispielsweise das wilde Herzstück der Insel, die Barbágia. Den Namen fanden die Römer, die mit den eigenwilligen und furchtlosen Bewohnern dieses Landstriches nicht zu Rande kamen und ihn deshalb »Barbarenland« tauften. Besucher von heute erinnert die Barbágia eher an Texas. Deshalb drehte dort der amerikanische Regisseur John Ford auch einige seiner bekanntesten Wildwestfilme.

Am schönsten ist das sardische Bergland im Frühjahr, wenn die Macchia, der im-

Ein Tragtier – Pferd, Esel oder Maulesel –, ein Gewehr, etwas Mundvorrat mit Käse, Brot, Lammfleisch und Wein – mehr braucht ein anspruchsloser sardischer Hirt nicht, wenn er mit der Herde unterwegs ist (links). Aber das Dasein der Hirten ist kein Zuckerlekken, denn die kargen Weideflächen reichen nicht für alle (unten). Oft kommt es zu heftigen Auseinandersetzungen. Die alten sardischen Volkstrachten sind an Sonntagen oder auf Festen oft zu sehen – so wie hier in der sardischen Provinzhauptstadt Núoro (oben).

mergrüne Buschwald, in vollem Saft steht. Dann blühen Lavendel und Thymian, wilde Minze und Affodil, Zistrose und Rosmarin und tausend andere Kräuter. Über alldem liegt ein unbeschreiblich würziger, schwerer Duft. Seine Wolken können so dicht sein, daß sie aufsteigend die Luft flimmern lassen, und es heißt, daß man sie an sehr heißen Tagen sogar mit der Lunte entzünden kann.

Aber diese Pracht kann nicht darüber hinwegtäuschen, daß nur ein Viertel der sardischen Grundfläche sich für den Anbau von Getreide, Wein und Gemüse eignet. Ein weiteres Viertel ist Ödland und deshalb unbrauchbar. Der Rest, die Hälfte des Bodens, kommt nur als Weidegrund in Frage – und das auch nicht zu jeder Jahreszeit. Diese Regionen sind der Lebensraum für über 2,5 Millionen Schafe und Ziegen, die von etwa 40000 sardischen Hirten betreut werden.

Das Dasein der Hirten ist dem anderer Hirtenvölker vergleichbar. Die Herden müssen wandern, wenn sie nicht verhungern wollen – also führen auch die Hirten ein nomadisches Leben. Sie sehen ihre Familien, die in den Bergdörfern des Binnenlandes wohnen, nur wenige Monate im Jahr. Ihre Bedürfnisse sind gering. Wenn es gutgeht, haben sie ein Pferd, manchmal auch einen Esel oder ein Maultier. Anders können sie die großen Entfernungen nicht bewältigen. Meist tragen sie ein Gewehr – zum eigenen Schutz und zu dem der Herde. Gekleidet sind sie in den typischen erdbraunen Anzug aus Orbace, dem berühmten sardischen Wollstoff, oder in einem dieser Kleidung von der Konfektion nachempfundenen Samtanzug. In den kühlen Monaten kommt meist der mit dem Fell nach außen getragene Schafpelz dazu – schon Livius sprach vor rund 2000 Jahren von den »pellitos sardos«, den »bepelzten Sarden«. Die wichtigsten Nahrungsmittel liefert das Schaf: Käse und Fleisch. Dazu kommt schlichter Rotwein, meist auch das sardische Brot, hauchdünne und glasharte Fladen, die man besser in Wein oder Wasser taucht, bevor man sie verzehrt.

Der Jahreslauf des Hirten beginnt im späten Frühling, wenn die Macchia in voller Blüte steht. Um diese Zeit weidet die Herde unweit des Dorfes, auf der heimatlichen Tanca. Es ist nicht schwierig, zwischendurch schnell einmal heimzukehren, um Milch oder Käse abzuliefern, eine Nacht bei der Frau zu verbringen und Vorräte mitzunehmen. Auf der Tanca schläft der Hirte in einem schlichten steinernen Rundbau mit Rohr- oder Binsendach, der Pinedda. Sie hat weder Fenster noch eine besondere Schlafstätte, und man hält sich auch nur nachts darin auf.

Die Pinedda ist übrigens eine verkleinerte Ausgabe jener sardischen Rundbauten, die vor etwa 3000 Jahren entstanden sind, der Nuraghen. Die bis zu 20 Meter hohen, bienenkorbähnlichen Türme dienten als Unterschlupf in Kriegszeiten. Oft scharten sich die schlichten Wohnhütten der Gemeinschaft rings um diesen Turm – die Königsburg von Barúmini in Südsardinien legt davon Zeugnis ab.

Die schöne Zeit auf der Tanca geht zu Ende, wenn der Sommer die Weiden ausgetrocknet hat. Dann zieht der Hirt mit seiner Herde weiter hinauf in die Berge, wo es noch spärliches Grün gibt. Im Herbst ist es auch damit vorbei. Nun beginnt die lange Wanderung in die fruchtbare Ebene des Campidáno. Hier, in der Fremde, werden im Frühjahr die Lämmer geboren. Zu Ostern schickt der Hirte frisch geschlachtete Tiere nach Hause. Er selbst kehrt erst im Mai mit seiner Herde nach Hause zurück – ein berühmtes Fest in Fonni, Sardiniens höchstgelegenem Dorf, feiert den Frühling und die Heimkehr.

Indessen – das Weideland ist knapp und teuer. Es gehört nicht dem Hirten, sondern dem Großgrundbesitzer in der Stadt, der unerbittlich seine Rechnung für die Weidepacht präsentiert und eintreibt. Bargeld bekommt der Hirt nur von dem Händler, der ihm Käse und Fleisch abkauft, auch vom Wollhändler. Damit er das Jahr über existieren kann, nimmt er von seinen Händlern Vorschüsse in Anspruch (die »Arrhe«). Dem Kreditgeber sind er und seine Familie auf Gedeih und Verderb ausgeliefert, denn dieser setzt ja auch die Preise für die Waren fest.

Ist es ein Wunder, daß sich der Hirt als Ausgebeuteter vorkommt? Daß er in der Auseinandersetzung um Weidegründe zum Fuorilegge, zum Gesetzlosen, wird, der sich in die Macchia zurückziehen muß und aus dem sich schließlich ein Bandit entwickeln kann, der vor nichts mehr zurückschreckt?

Sardiniens Hirten leben wie ihre Urväter in archaisch-paradiesischen Verhältnissen. Mancher mag sie darum beneiden, um das schlichte, männliche, harte, freie Dasein. Um keinen Preis der Welt wollen sie mit einem Industriearbeiter tauschen – nicht einmal mit einem Bauern. Aber noch niemand hat ein Patentrezept dafür gefunden, wie man ihnen helfen könnte.

Die Inselgriechen

Homers Erben auf den Inseln der Ägäis

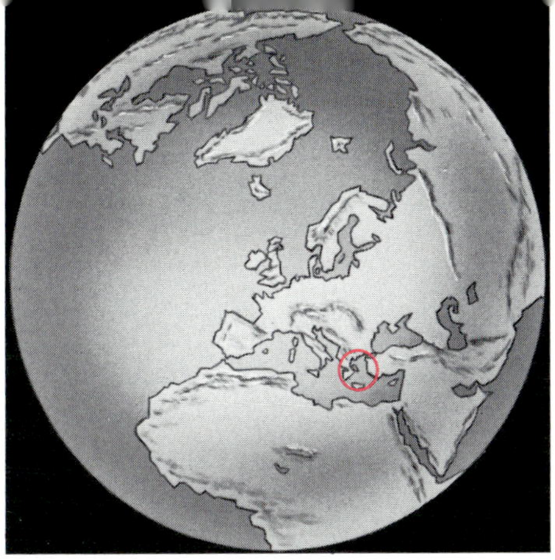

Auf den griechischen Inseln – es gibt mehr als 2000 von ihnen, und sie machen fast ein Fünftel des griechischen Staatsgebietes aus – dreht sich noch immer der homerische Dreschschlitten, den Ochsen auf der Tenne im Kreis ziehen. Ein Hauch von Antike hat sich auf Inseln wie Skyros (Bild), dem nur schwach besiedelten Eiland, auf dem einst Theseus getötet und Achilleus geschändet wurde, bis auf unsere Tage erhalten.

Unter allen weißen »Blumen aus Marmor«, den Inseln der Kykladen, gilt Mykonos mit seinen vielen weißen Türmen als

die weißeste: So viele Kirchen hat Mykonos wie Tage im Jahr. Kodonostasion wird der offene Glockenturm genannt.

Viel Wind für die Mühlen, jedoch kein Korn

Vor einem Mahlvorgang werden die Windsegel entrollt (oben). Doch in den weißen Steinzylindern mit dem Kegeldach aus Stroh (rechts) und dem Windrad aus Holzsparren und Drahtkranz drehen sich die Mahlsteine nur noch selten. Mehl wird vom Festland eingeführt. Die Windmühlen auf Ios (oben) und auf Santorin (rechts) werden verfallen – sie haben keine Arbeit.

Starke Boote – für Fischer ohne Fang

Die Fischer befahren das griechische Binnenmeer mit Motorkaiki, Karavóskaphos, Ruderbarke und Tréchandiri. Doch die Fischbestände der ägäischen Gewässer haben unter den rücksichtslosen Dynamiträubereien stark gelitten. Vor Kouphonisi (oben) wie auf Skyros (rechts) liegen die Boote oft tagelang unbeschäftigt.

Eine Nacht Arbeit auf See für einen Korb Fische – das ist oft die ganze Ausbeute der Fischer von den griechischen Inseln. Der Fang wird auf die Besatzung verteilt. Makrelen werden von den Fischern auf Mykonos (rechts) eingebracht, auch die Barbuni, die Rotbarbe, und die Tsipura, die Goldbrasse. Die Fische der Ägäis sind edel, aber rar (oben rechts). Wer eines der traditionellen Fischgerichte probieren will, muß manchmal schon Glück haben. Selbst die Psarósupa, die Fischsuppe, ist zu einer Kostbarkeit geworden.

Seit Homer streiten die Landgriechen mit den Inselgriechen um die hellenische Krone, welche Griechen die wahren Griechen seien. Auf dem Festland hat die Veränderungssucht der Techniker die Kultur begradigt; auf den Inseln dagegen dreht sich noch immer der homerische Dreschschlitten, den Ochsen im Kreis auf der Tenne ziehen. Wo der Dhokani kreist, ist Hellas nah.
Von den Gefilden der Seligen hat sich im Ionischen Meer wie in der Ägäis ein Schimmer erhalten. Ein volles Paradies beschert keine der zweitausend Inseln der Ägäis. Doch der Träumer, den die Computer vom Festland auf die Kykladen vertrieben haben, findet auf den »Blumen aus Marmor« beim Geplätscher des Neráki und dem Gemurmel der Nymphen zumindest sein Auskommen.
Griechische Inseln? Was die Schlager verheißen, hält der Nachprüfung stand. Die Abneigung der Inselbewohner gegen das Neue macht mit der Sehnsucht der Inselbesucher nach dem Alten gemeinsame Sache. Über den Kranz der inneren Kykladen, die Heimat des Apollon und der Artemis, breitet Eos, Göttin der Morgenröte, den Rosenschleier. Doch Düsenjäger durchlöchern ihn. »Aphrodite sinkt tiefer«, sagt Nikos.
Der Kreter führt mich auf den Kamm des Lasithigebirges. Felsen geben den Blick auf die Hochebene der tausend altersschwachen Windmühlen frei. Vor dem unmutigen Grau des Himmels krümmen sich die Holzruinen, Skelette der Poesie, in die der Wüstensturm, der aus Afrika einfällt, Löcher hackt. Die Trümmer stehen für eine Vergangenheit, die nach Meinung athenischer Technokraten reif für den Abbruch ist. »Amen«, sagt Nikos, der seinen Kombuloi wie einen Rosenkranz befingert. Der Sirokkos packt die Mühlen bei den verstümmelten Flügeln – Zeus, scheint es, winkt mit tausendfach bewegten Armstümpfen.
Die gleitende See bestimmt das Gefälle der Zeit auf allen griechischen Inseln. Der Fischfang, meint man, sei das Gewerbe der Männer. Doch das ausgebombte Fischwasser liefert bestenfalls einen Bodensatz für die Netze. Dieses Armutszeugnis haben die Fischer durch ihre Dynamiträubereien selbst verschuldet. Nun sind sie Bauern. Auf Naxos stecken sie Kartoffeln. Baumwolle ernten sie auf Lemnos. Skopelos rühmt sich der Pflaumen, Ikaria der Aprikosen. Dort setzt man auf Pampelmusen, hier auf Pomeranzen, in Kea auf Maultiere. Wein war von jeher auf Lesbos und Thasos, Samos und Rhodos die Regel. Und auf Santorin.

Mit ihren Agrumenkulturen, vornehmlich Zitronen (oben) und Orangen, erzielen die Bauern auf Milos wie auf anderen Inseln der Ägäis gute Gewinne. Jedoch die Terrassengärtner von Amorgos (links) klagen ihre Not, weil sie ihre kultivierten Hänge mühsam bewässern müssen. Reich sind dagegen die Rebenbesitzer auf Rhodos und Santorin. Der Weinbau (unten) galt schon in der Antike als einträgliches Geschäft. Auf den Inseln wird vor allem Rotwein gebaut. Berühmt sind auch schwere und alkoholreiche Weine wie der tiefdunkelrote Samos.

Ein unverhoffter Erfolg machte Santorin zweifach glücklich: Fruchtbarer Lavaerde entsprossen die köstlichsten Tomaten des Archipels. Seitdem sind die Santoriner fein heraus. Man trägt auf beiden Schultern Gewinn. Geld bringt der Wein und Nutzen die Tomate.

Einst muß Santorin eine große Insel gewesen sein. Ein Vulkanausbruch vor 3500 Jahren hinterließ die halbmondförmige Hauptinsel von heute und eine kleinere Nebeninsel. Spätere Eruptionen schufen vier weitere kleine Eilande. In der Mitte der tiefen Bucht liegt ein auch heute noch tätiger Krater. Man kann mit dem Boot zu ihm hinüberfahren und in das rauchende Kraterloch schauen oder im warmen, schwefelhaltigen Wasser baden. Santorin sei das legendäre Atlantis gewesen, heißt es. Wer will es beweisen?

Ausgediente Fischer, die nur noch in den Wochenendnächten mit Karbidlampe und Harpune die Supiés, die Polypen, jagen, betreiben wochentags die Aufzucht ihrer Agrumenkulturen. Bienenzüchter machen ihr Geschäft. Wo der Longos, der immergrüne Buschwald, wuchert, wo Lorbeer und Myrte mit Erdbeerbaum und Oleaster, dem strauchförmigen Ölbaum, verwachsen und Lavendel und Minze mit Wacholder und Kermeseiche: da heimsen die Bienen den Honig ein. Wein und Honig und das Lächeln der Aphrodite – süße Verheißung.

Griechenland? Für mich sind das vorab die Inseln. Meine Zuneigung staffelt sich von den Dodekanes über die Sporaden und die im Kyklos, dem Kreis, beschlossenen Inseln, die Kykladen, bis zu den bewaldeten Meereserhebungen der Ionis. Hier liebe ich das millionenmal ölbaumbestandene Korfu, die Insel der Phäaken. Das ist Alekkos, meines beredten Freundes, Verdienst, der mir seine Heimatinsel nahegebracht hat.

Korfu hatte bereits in der Antike seine Liebhaber, wofür Homer als Zeuge einsteht. Der berühmteste aller Reisenden, die hier abstiegen, war Odysseus. Nackt, heißt es, ging er an Land. Ein Zweig war alles, was ihm geblieben war, um die Blöße zu bedecken, der sich kein Mann zu schämen braucht. Das war auch die Meinung der schönen Nausikaa. Sie entfernte kurzerhand den Zweig und empfing Odysseus, wie es einem Mann gebührt. Alekko lächelt, als er auf einer Klippe in Kanoni von dieser Romanze berichtet.

Ein Hain von Seekiefern schmeichelt einer Bucht. Man läßt die Heiligbäume des Poseidon zur Ader. Aus der angestochenen Rinde tropft in Steingefäße das Harz, mit dem im Herbst die Faßwände eingerieben werden. So vermengt sich die Würze des Harzes mit der Traubensüße zum Rezina. Wer im Kaphenion der Chora, des Hauptdorfes auf der Inselhöhe, vom Harzwein trinkt, wird unweigerlich zum Träumer. Die Bouzouki tut ein übriges. Und die See, die Silberschwemme aus Licht und Wasser, macht die Träumerei vollkommen.

Seit die Historiker denken können, ist das Aigaion Pelagos kriegsumtobt. Die Ägäis schluckte das Blut, das man um sie vergoß. Tief haben die Geißelhiebe der Geschichte die Dodekanes genarbt. Denn auf der »Zwölfinselgruppe« wurde wechselseitig unter Halbmond und Christenkreuz gesäbelt. Die Dodekanes war immer der Trauer untertan.

Die Trauer gipfelt auf Rhodos im Tempel der Athena Lindia von Lindos. Im rhodischen Allerlei stapeln sich die Kulturen. Die Vergänglichkeit ist monumental. Auf leeren Sockeln künden Fußabdrücke von gestürzten Figuren, geschleift von den Eroberern, die sich in böser Aufeinanderfolge ablösten. Wo die unterlegenen Priester gehuldigt hatten, höhnten die siegreichen Priester. Diese Bewegung nennt sich Kulturgeschichte. Auf dem Gipfel von Lindos endet sie mit dem dorischen Anfang.

Der heiße Meltémi, den die Alten einen Sohn des Sternenhimmels hießen, faucht um eine Zypresse, die auf kahlem Felsen den Zeiten nachzutrauern scheint, als die Griechen noch Hellenen waren.

Der flammende Rundball, die Sonne, treibt Hitzekeile bis in die Katzenwinkel der gestuften Gassen. Huschende Frauen, mit Teig beladen, hüllen ihr Schweigen in schwarze Tücher. Aus einem dürftigen Gemisch von Weizen und Gerste, dem Smigadi, backen sie das Brot. Kalimera! Esel traben zur Zisterne.

Im Kodonostasion, dem offenen Turm, rührt sich die Glocke. Mulis maulen dazu. Der Papas schlürft unterm Feigenbaum seinen Kafedáki. Weiß gekalkt sind die kubischen Kykladenhäuser in der Skala, der Hafensiedlung. Tintenfische bleichen auf einem Kaiki an der Mole.

Ich nippe am Ouzaki, der Verkleinerungsform des heimischen Anisschnapses. Zikaden sägen an der Stille; das wehleidige Geschabe der Flügel hört sich wahrhaftig wie die Schluchzerei des Trojanerkönigs Tithonos an, der zur ersten aller Zikaden schrumpfte. »Unsere Legenden sind keine romantischen Lügen«, sagt der Wirt, der mir nachschenkt, »sie sind unsere tägliche Wahrheit.« Auf Griechenlands Inseln ist die Romantik die Schwester der Wahrheit.

Die Tuareg

Nomadische Berberstämme in der Sahara

»Sie sind ein schöner, bräunlicher Menschenschlag mit echt kaukasischen Gesichtszügen und durchstreifen raubend und Viehzucht treibend die Wüste«, heißt es in einem alten Nachschlagewerk von den Tuareg, einem nomadischen Berberstamm der Sahara. Etwa 300000 von ihnen leben heute in Nordafrika. Das Bild auf dieser Seite zeigt Ajjer-Tuareg an ihrem Lagerfeuer im Tassili-Gebirge. Die meisten Tuareg sind Zeltbewohner.

Erst das Kamel machte die Nomaden beweglich

Die frühesten Spuren der Tuareg stammen aus dem 5. Jahrhundert – damals tauchte auf einmal das Kamel in der Wüste auf. Seitdem sind die Tuareg berühmte Kamelreiter und -züchter (rechts). Ebenso alt ist die Sitte der männlichen Tuareg, das Gesicht mit einem langen Schleier zu verhüllen. Die jugendlichen Stammesangehörigen dürfen ihn noch nicht tragen (oben).

84 *Ob die endlosen Wanderungen durch die Sahara gut ausgehen oder mit einer Katastrophe enden, hängt vom Wasser ab.*

Die Tuareg kennen alle Wasserstellen. Nicht oft rasten sie an einer Guelta, einem natürlichen Fels-Wasserbehälter.

Dasein in einer lebensfeindlichen Umwelt

Von den Salzpfannen in Bilma zieht die schwerbeladene Salzkarawane durch die wasserlose Wüste zurück zum Lager der Tuareg im Aïr-Gebirge (oben). Die Tuareg handeln auch mit Salz. Rechts: Ein Tuareg-Gelehrter (Marabut) führt ein Kind in den Koran ein. Die Tuareg sind Moslems, halten aber auch noch an uraltem Geisterglauben fest.

Die meisten Tuareg wohnen in Zelten aus gegerbten, rotgefärbten Ziegen- oder Schafhäuten. Manche Stämme bevorzugen jedoch kuppelförmige Hütten. Das einfache Gestell wird mit Stroh oder Palmblättern verkleidet (links). Nur wenige Tuareg können sich ein Steinhaus leisten: Angehörige von Stämmen oder Clans, die auf das Wanderleben verzichtet haben. Das Bild oben zeigt einen Tuareg vor einem Haus in einer libyschen Ortschaft. Die Gesamtzahl der Tuareg liegt bei 300 000 – genaue Zahlen gibt es nicht.

Als die Araber in Nordafrika eindrangen und von Libyen bis Mauretanien alle Berbervölker unterwarfen, stießen sie auch auf einen Stamm, der allen Unterwerfungs- und Bekehrungsversuchen heftigen Widerstand entgegensetzte. Die arabischen Krieger nannten diese räuberischen und an Geister glaubenden Männer auf den schnellen Kamelen »die von Gott Verlassenen«, arabisch »tawarek«. Daraus entstand die Bezeichnung Tuareg, Einzahl Targi.

Die hochgewachsenen, stolzen, elegant wirkenden Wüstenreiter nennen sich selbst wie alle Berber Imazighen, was »freie Menschen« bedeutet. Der Völkerkundler Hugo Bernatzik beschreibt sie als Gestalten mit »sehnigem Körper, breiten Schultern und schmalen Hüften, außerordentlich schmalen, langen und grazilen Händen und kleinen Füßen, mit Neigung zu Langbeinigkeit, Langköpfigkeit, Langgesichtigkeit und Schmalnasigkeit, mit wellig dunklem Haar und hellbrauner Hautfarbe«.

Woher diese Bilderbuchberber ursprünglich gekommen sind, weiß niemand zu sagen. Wahrscheinlich tauchten sie um das Jahr 500 nach Christi Geburt erstmals auf, um die gleiche Zeit, als sich das Kamel als ideales Wüstentransportmittel durchzusetzen begann. Man hat aber auch schon ihre Abstammung von den Kreuzrittern des 11. Jahrhunderts vermutet – eine Theorie, für die es allerdings keinerlei Beweise gibt.

Was die Araber nicht geschafft hatten, gelang zu Anfang des 20. Jahrhunderts den Franzosen. Sie drangen mit schwerbewaffneten Truppen in die Sahara ein und unterwarfen zuerst die Ahaggar-Tuareg, dann die meisten anderen Stämme. Freilich konnten auch sie keine durchgreifende Kontrolle durchsetzen. Die etwa 300000 Tuareg wohnen auf einem Gebiet von der Größe Westeuropas und sind, ihren Herden folgend, fast immer unterwegs zwischen Algerien und Libyen, Niger und Mali – bis hinein in die Gebiete südlich der Sahel-Zone.

Größere Tuareg-Siedlungen gibt es nicht. Die »blauen Ritter der Wüste« (nach ihren indigogefärbten Kleidern) führen ein ausgeprägtes Eigendasein. Ihre Zeltdörfer sind klein, sie bestehen nur aus wenigen Lederzelten oder (seltener) kuppelförmigen Hütten. In jeder Behausung lebt nur eine Familie mit Mann, Frau und unverheirateten Kindern.

Der Tuareg-Frau kommt dabei eine gehobene Stellung zu. Nach dem traditionellen Mutterrecht (Matriarchat) der Tuareg ist sie die Herrin des Zeltes. Es

Tuareg-Frauen haben seit jeher besondere Vorrechte

Bei den Tuareg gilt das Mutterrecht, ihre Frauen erfreuen sich einer im Gegensatz zu den Arabern gehobenen Stellung. Die Kinder folgen bluts- und rechtmäßig der mütterlichen Linie. Die Einehe ist die Regel. Oben: Tuaregfamilie bei der »Teestunde« in der Wüste. Links: Verschleierte Tuareg-Männer. Sie sind im allgemeinen bewaffnet mit Schwert (unten) und Messer. Bekannt ist ihr am linken Unterarm befestigter kurzer Armdolch mit Kreuzgriff.

steht ihr frei, den Ehepartner zu wählen. Die Kinder folgen im allgemeinen bluts- und rechtmäßig der mütterlichen Linie. Der Bruder der Mutter ist ihr nächster Verwandter, nicht der leibliche Vater. Die Frauen sind auch Träger der Überlieferung, des Adels und der Bildung. Sie beherrschen die Tuareg-Schrift, das Tifinagh, und geben ihre Kenntnisse an die Kinder weiter.

Sache der Frau ist auch die Veranstaltung des Ahals, der Brautschau. Von weit her kommen an diesen Tagen die unverheirateten Männer in das Lager, sitzen mit den unverheirateten Mädchen zusammen und treffen ihre Wahl – oder auch nicht.

Den Tuareg-Frauen sagt man außergewöhnliche Schönheit nach. Zu besonderen Gelegenheiten bemalen sie sich das Gesicht in überlieferten Mustern. Antimon wird für das Augen-Make-up verwendet, als Gesichtspuder kommt Okkerfarbe in Frage. Einen Gesichtsschleier tragen die Frauen der Tuareg nicht.

Dafür halten die meisten Männer der Tuareg an der uralten Sitte fest, ihr Gesicht zu verschleiern – vor allem dann, wenn sie Fremden begegnen. Der Litham oder Gesichtsschleier besteht aus einem etwa fünf Meter langen Stoffstreifen, der so um Kopf und Hals gewickelt wird, daß nur ein schmaler Augenschlitz frei bleibt. Auch beim Essen und Trinken bleibt es beim Litham, der dann lediglich etwas angehoben wird, um den Mund freizulegen. Dieses Schleiers wegen bezeichnen die Araber die Tuareg auch als »Mulethemin«, Verschleierte. Zu besonderen Gelegenheiten legen die Tuareg einen indigogefärbten Litham an. Er färbt leicht ab und hinterläßt blaue Spuren auf dem Gesicht. Das finden die Tuareg-Männer chic – und die Frauen nicht minder. Sie kennen Tricks, ihrerseits einen leichten Hauch von Blau aufzulegen.

Einst waren die Tuareg in drei Kasten gegliedert. Der obersten Kaste gehörten die Adligen (»Imoshag«) an, die hauptsächlich von Raubüberfällen (»Rezzu«) lebten. Ihnen war die zweite Kaste, die der Vasallen (»Imghad«), tributpflichtig. Die Vasallen waren in erster Linie Kamel- und Kleintierzüchter. Beide, Adlige und Vasallen, hielten sich schwarze Sklaven, die Angehörigen der dritten Kaste. Nicht höher angesehen als die Sklaven waren die Schmiede, Hersteller von Schwertern und Dolchen.

Sklaven gibt es heute auch bei den Tuareg nicht mehr. Adlige wie Vasallen leben in erster Linie von ihren Herden aus Kamelen, Schafen, Ziegen und – bei den südlichen Tuareg – auch Rindern. Dabei sind sie dem Wetter auf Gedeih und Verderb ausgeliefert. Wenn der Regen ausbleibt oder die spärlichen Gräser abgeweidet sind, müssen sie weiterziehen – oft Hunderte und manchmal Tausende von Kilometern weit. Tierprodukte bilden die Grundlage ihrer Nahrung: Milch, Butter und Käse. Einige Stämme geben sich auch mit dem Anbau von Feldfrüchten ab oder besitzen Dattelpalmen. Die Feldarbeit war früher Sache der Sklaven und der Angehörigen eines seßhaften schwarzen Stammes, der Haratin. Heute bebauen die Tuareg ihr Land selbst.

Wenn die Lebensmittel knapp werden, müssen Jungtiere verkauft werden. Dazu schließen sich die Tuareg den Karawanen an, die zu den Marktstädten am nördlichen oder südlichen Rand der Sahara ziehen. Karawanen bringen ihnen auch Dinge, die sie nicht selbst erzeugen können: Tee, Zucker, Textilien. Einmal im Jahr macht sich die große Salzkarawane auf den Weg. Die Tuareg gewinnen Salz nicht nur für den eigenen Bedarf, sie handeln auch damit.

Die traditionelle Bewaffnung der Männer besteht aus dem Armdolch, einer Art Kurzschwert, das mit einem Ring am Arm befestigt wird, ferner aus dem (nicht mehr überall üblichen) langen Schwert und der langen Lanze. Dazu gehörte früher der Schild aus Antilopenleder. Seit es nicht mehr genug Antilopen gibt, ist der Schild aus der Mode gekommen, und die Hieb- und Stichwaffen spielen ihre Hauptrolle heute fast nur noch bei malerischen Scheingefechten, mit denen sich die Männer während der Wintermonate die Zeit vertreiben.

Eine besondere Aufgabe haben in der Stammesgemeinschaft die Marabuts, Männer mit einer überdurchschnittlichen religiösen oder auch weltlichen Bildung. Sie unterrichten Kinder, steuern Eheschließungen, verstehen sich auf die Anfertigung von Amuletten und das Heilen von Krankheiten – und leben dabei sehr gut, denn ihre Dienste werden in Naturalien bezahlt.

Auf den Außenstehenden macht das Leben der Tuareg einen romantischen Eindruck. Aber ihr Dasein ist in mancher Beziehung gefährdet. Auf das Wetter haben sie keinen Einfluß – es kann ihre Existenz jederzeit vernichten. Und auch die Maßnahmen der Regierungen ihres Lebensbereiches entziehen sich ihrer Einwirkung. Bald werden Lastwagen auf der neuen Trans-Sahara-Straße die Kamelkarawanen ablösen, die schon heute große Schwierigkeiten haben, sich an Grenzen und Zölle zu gewöhnen.

Die Borana

Viehzüchter im südäthiopischen Hochland

Die Borana in Südäthiopien sind ein Volk von Viehzüchternomaden – eines der letzten Afrikas. In ihrem Rindvieh sehen die Borana Gefährten, nicht Eiweißfabrikanten; der Viehkral ist ein Ehrenplatz für Nobelbegräbnisse. Das Leben jedes Borana ist starr in zehn einander folgende, je acht Jahre dauernde Abschnitte unterteilt: das berühmte Gada-System der Gallavölker. Es verhindert jeden Vater-Sohn-Konflikt.

Der Krater El Sod, Ergebnis einer vulkanischen Explosion. Der Salzsee auf seinem Grund liefert den Borana das überaus wichtige Tafel- und Viehsalz.

Salzgewinnung im Boranaland

Der See auf dem Grund des Explosionskraters ist die Hauptquelle für Salz im Boranaland. An Zweigen, die in die Sole getaucht werden, kristallisiert das Salz. Bei der Ernte werden die Zweige herausgenommen und geschüttelt; die Salzkristalle fallen ins Wasser und bewirken in der übersättigten Lösung die Bildung größerer Salzklumpen. Diese werden mit Händen und Füßen zusammengescharrt und dann zum Trocknen ans Ufer getragen. Alle Salzarbeiter sind nackt (Bild ganz rechts); das Salz würde jeden Fetzen Tuch verkrusten und die Haut wundscheuern. Esel befördern die Salzlasten auf einem Zickzackpfad (rechts) zu dem 300 Meter höher gelegenen Kraterrand. Das Salz, etwa 1100 Tonnen im Jahr, wird zum Teil exportiert. Jeder Borana-Bräutigam muß vor der Hochzeit einige Zeit in dem Salzsee für ein Salzgeschenk an die Familie seiner Braut arbeiten – eine Geste der Demütigung gegenüber seinen Schwiegereltern.

In Felshöhlen und Schächten klingen Schöpfgesänge

Zwei Regenzeiten decken den Tisch für das Vieh der Borana zeitweilig üppig. Aber in den jährlichen zwei Trockenzeiten sind Felsbrunnen, die das Grundwasser erschließen, Vorbedingung des Überlebens. Dann wandern Eimer aus Giraffenleder an menschlichen Schöpfketten entlang aus vielen Dutzend Metern Tiefe zu den Tränkstellen empor – im Rhythmus der Rinderlieder. Mit dem Chorgesang befeuern sich die Schöpfer und Schöpferinnen; am Ende jedes Gesangs vibriert das menschliche Göpelwerk unter der Belastung des rasenden Schlußlaufs.

In der Boranagesellschaft hat jeder seinen Platz

Ketten aus kantigen Aluminiumperlen, die den Hals umschnüren wie ein Kragen, stehen nur verheirateten Frauen zu; deren Frisuren und Ohrschmuck geben zudem Auskunft über die Stellung ihrer Männer. Das Kopftuch ist ein Vorrecht der privilegierten Führungsspitze – wie der Fliegenwedel.

Die Form der Hütte sagt viel über die Stellung und die Funktion ihrer Bewohner aus. Die Hütte des gewöhnlichen Borana aus Flechtwerk, Gras und Häuten hat eine Einschnürung zwischen Vorder- und Hinterteil; die alkovenähnlichen Ausbuchtungen der Hinterhütte sind als Schlafkojen eingerichtet. Die Frau ist allein verantwortlich für alles, was sich in der Hütte tut, auch für deren Bau. Hält sie sich einen Liebhaber (was Brauch und Sitte dulden), läßt der bei Besuchen seinen Stab vor der Hütte – Besetztzeichen für den Mann.

Nicht die Hütte ist das Heim des Hirten, sagen die Borana – sondern der Brunnen ist's

In den Trockenzeiten kreisen die Herden wie Satelliten um die Brunnen. Ein Brunnen versorgt täglich bis zu fünfzehn Herden zu je achtzig Tieren. Die Hirten wachen mit ihren Stöcken beim Tor zu dem Laufgang, der zum Tränkhof führt, wie die Cherube vor dem Paradies: sie lassen nur so viele Tiere ein, wie an der Tränkrinne unten auf einmal Platz haben. Für die Borana sind die Brunnen wirtschaftliche, politische, soziale, rituelle und religiöse Brennpunkte – und das Hauptthema endloser Männerpalaver. Ihr Betrieb und ihr Unterhalt stiften Allianzen, die Jahrhunderte vorhalten. Die Wiederinstandsetzung eines durch Einsturz oder jahrelange Vernachlässigung unbrauchbar gewordenen Brunnens gehört zu den bedeutenden Verdiensttaten. Brunnenarbeiten werden kaum unternommen, ohne einen Ayantu, einen sternenkundigen Weisen, zu befragen. Mit einem Geschenk, einer ungegerbten Haut etwa, versucht man den konsultierenden Ayantu – auf dem Bild links der berühmteste seiner Zunft im ganzen Boranaland – günstig zu stimmen.

Die Borana, das südliche Gallavolk, leben im Süden der äthiopischen Provinz Sidamo, auf einer Geländestufe zwischen dem feuchten Sidamo-Hochland und der nordkenianischen Wüste, etwa 1200 bis 1800 Meter über dem Meeresspiegel. Dornbuschsavanne und Akaziensteppe charakterisieren diesen Lebensraum.

Im Leben dieser Viehzüchternomaden gibt es zwei Brennpunkte. Ihr ganzes Denken konzentriert sich auf die sogenannte Gada-Ordnung – und örtlich kreisen Herden und Hirten, wenigstens in den beiden jährlichen Trockenzeiten, um die zyklopischen Felsbrunnen.

Die Gada-Ordnung, allen Gallavölkern eigen, aber heute nur noch bei den Borana die bestimmende Sozialverfassung, organisiert das Leben jedes Borana-Manns starr in zehn sich folgende Klassen zu je acht Jahren. Jeder Klasse entsprechen feste Rechte, Pflichten und Verhaltensweisen in sozialer, wirtschaftlicher, religiös-ritueller und politischer Hinsicht. Aber das Gada-System ist keine Altersklassenorganisation, wie sie aus anderen Teilen Afrikas belegt ist. Nicht das biologische Alter entscheidet im Gada-System über die Zugehörigkeit zu einer Klasse, sondern allein das genealogische Alter – die Stellung in der Abfolge der Generationen. Die Gada-Klassen sind Generationsgemeinschaften.

Die Angehörigen zweier aufeinanderfolgender genealogischer Generationen sind in diesem System stets durch fünf Klassen, das heißt vierzig Jahre, getrennt, unabhängig von ihrem biologischen Alter. Der Sohn wird immer vierzig Jahre nach seinem Vater in das System aufgenommen. Zu diesem Zeitpunkt hat der Vater in der sechsten, der eigentlichen Gada-Klasse, den höchsten Rang erreicht – und der Vatersvater, nochmals vierzig Jahre voraus, scheidet aus dem Gada-System aus.

Nur mit strenger Geburtenregelung könnte in diesem System wenigstens einigermaßen die Gleichaltrigkeit der Angehörigen einer Klasse erreicht werden. Sie wurde auch versucht, ließ sich aber nicht durchsetzen. Daher gibt es heute reife Männer in der Kinderklasse und Säuglinge in der Klasse der Krieger – und mancher Junge wird gleich in die Klasse der Ruhestandsanwärter oder überhaupt außerhalb des Systems geboren. Ein Zahlenkorsett, in dem alles Lebendige erstickt? Der äthiopische Völkerkundler Asmaron Legesse wies freilich kürzlich auf die Werte in dieser künstlichen Sozialordnung hin, um die wir die Borana

Im Leben der Borana gibt es zwei Brennpunkte: Die Gada-Ordnung – und die Brunnen

Für Boranajungen gibt es unterschiedliche Bezeichnungen, je nachdem, ob sie alt genug sind, Kälber oder Kühe zu hüten. Aber auch junge Mädchen bleiben nicht zu Hause: Die Mütter, von der harten Schöpfarbeit müde, laden bei der Heimkehr gern das Wasser für die Hütte der Tochter auf. Tragtiere verachten die Borana, mit Kamelen wollen die Rinderzüchter nichts zu tun haben. Um sich die Kamel-Dienste trotzdem zu sichern, leben sie in enger Gemeinschaft mit den Gabra, einem im Umgang mit Kamelen erfahrenen Stamm.

beneiden können: Entschärfung des Generationenkonflikts – durch Trennung von Vater und Sohn, aber auch durch die Altersmischung in den generationsgleichen Klassen. In seiner Klasse ist jeder, ungeachtet seines Alters, ein gleichberechtigtes Vollmitglied.

Alle acht Jahre dreht sich das Gada-Rad weiter. Feste und Zeremonien markieren den Klassenwechsel jeder Gruppe. Namentlich jene, die in die sechste, die Gada-Klasse im engeren Sinn hinüberwechseln, werden gefeiert. Sie stellen den Abba Gada, den »Vater des Gada« – die oberste politische, militärische und richterliche Instanz der Borana für acht Jahre.

Die Hohenpriester der Stammesreligion, die Qallu – einer für jede Stammeshälfte – sind in diesem Klassenwechsel der ruhende Pol. Weder sie noch ihre Klane nehmen am Gada-System teil; das Qallu-Amt vererbt sich vom Vater auf den Sohn. Sie wirken von außen auf die Gada-Ordnung ein: als Verwalter und Gestalter des Rituals, vor allem aber auch als Wahlbehörde. Sie wählen den »Vater des Gada«.

Einem unwürdigen Qallu droht die Verbannung. Die Mitbewohner ziehen aus dem Lager des Qallu aus und lassen nur ein Maultier zurück. Bei ihrer Rückkehr sind Qallu und Maultier verschwunden. Der mißliebige Qallu hat den Wink beherzigt, er »ist auf dem Maultier davongeritten«. (Mit diesem Satz umschreiben die Borana auch den physischen Tod eines Hohenpriesters.)

Die Wahrscheinlichkeit, daß der Qallu »das Maultier nehmen muß«, ist gemäß Borana-Sitte besonders groß, »wenn die Sonne stirbt«, das heißt nach einer Sonnenfinsternis. Offenbar profitieren die Stammesältesten gegebenenfalls von einem so furchteinflößenden Himmelsereignis, um einen unerwünschten Qallu in die Wüste zu schicken.

Der zur Zeit amtierende Qallu der Stammeshälfte Karayu gilt weithin im Boranaland als der Inbegriff eines unwürdigen Qallu. Ein Qallu darf lebenslang keine Waffe berühren und soll sein Haupthaar niemals schneiden. Aber der jetzige Qallu jagte als junger Mann Elefanten und Giraffen und ließ sich sogar den Kopf kahl scheren. Kurz vor der Sonnenfinsternis vom 30. Juni 1973 begab sich deshalb eine amerikanische Expedition ins Boranaland, um den erwarteten, anthropologisch zweifellos ergiebigen Absetzungsvorgang zu beobachten und aufzuzeichnen. Aber die Zone der totalen Finsternis verlief südlich von Boranaland – und wenn überhaupt Nachrichten von dem Himmelsereignis bis ins Lager des Qallu durchsickerten, dann verunsicherten sie diesen jedenfalls nicht. Gelassen nahm er sich eine vierte Frau . . .

In ihrer derzeitigen ökologischen Nische können die Borana nur überleben dank der tief in den gewachsenen Fels abgeteuften Brunnen. An keinem Ort erheben die Borana den Anspruch, die Urheber dieser gewaltigen Brunnenanlagen zu sein. Vielmehr haben sie sie von einem (genauer nicht faßbaren) Vorgängervolk ererbt. Der Betrieb der Brunnen, vor allem die Bemannung der Schöpfketten, ist eine Übung im Gemeinsinn. Kleinere Gruppen oder solche mit behinderten Mitgliedern sind beim Wasserschöpfen auf die Unterstützung größerer angewiesen. Die Borana sind stolz auf die in ihrer Überlieferung verankerte Verantwortung des Stärkeren für den Schwächeren. Die jungen Borana träumen gegenwärtig von Motorpumpen, um der Fron des Schöpfens zu entkommen. Der Abba Gada, den ich in seinem Lager aufsuchte, um seine Ansicht zu einer Mechanisierung der Wasserentnahme zu hören, kannte sicherlich weder das Wort Ökologie noch das Wort Wasserhaushalt. Aber seine Antwort verriet Einsicht in beide Begriffe: »Mit Händen und Füßen werden wir uns gegen Motorpumpen sträuben. Mehr Wasser heißt noch mehr Vieh, und mehr Vieh heißt noch mehr Wasser – und immer mehr von beidem, bis die Weiden zertrampelt und die Brunnen trocken sind – für immer . . .«

Pumpen oder nicht, für die traditionelle Wirtschaftsweise der Borana sind die Tage gezählt. Die äthiopische Zentralregierung tut ihr Bestes, um die Borana anzubinden. Im Herzen von Boranaland verbessert sie 10000 Quadratkilometer Weide für 50000 Stück Vieh, durch Schaffung von ausdauernden Wasserstellen und Abteufen von Rohrbrunnen, durch Zeckenbekämpfung für das Vieh mit halbjährlichen Desinfektionsbädern, durch Anleitung für bessere Zuchtwahl – und so fort. Die Borana sollen für diese Gaben und Vorteile mit der Seßhaftigkeit, mit dem Verzicht auf das Wandern bezahlen.

Nur als Seßhafte werden sie der Landgier Fremdstämmiger, vor allem der Amharen und Konso, die sich auf ihrem Weideland als Bauern niederlassen, Schach bieten können. Erstmals will die Zentralregierung ihnen als Viehzüchter helfen. Das Projekt wird von einem Borana geleitet, den großes Mißtrauen verfolgt.

Die Masai

Ostafrikas selbstbewußte Hirtenkrieger

Einfach paradiesisch – diesen Eindruck gewinnt der Tourist vom Alltagsleben der Masai. Sie sind eines der wenigen Völker auf dem schwarzafrikanischen Kontinent mit maximaler Anpassung an den natürlichen Lebensraum – und mit gar keiner Anpassung an die Staatsnormen von Kenia und Tansania. Für die ostafrikanischen Regierungen sind die archaischen Masai die »Flegel der Nation«.

Nach der Beschneidung trägt das Mädchen Schmuck

Dieses Mädchen (oben) ist gerade beschnitten worden. Erst nach dieser Zeremonie darf es den reichen und farbigen Schmuckbehang anlegen. Er unterscheidet die Frauen von den Mädchen. Die junge Dame wird jetzt als erwachsen betrachtet und kann heiraten. Knaben und Mädchen tragen Holzklötze in den Ohren, um die Ohrläppchen von Jahr zu Jahr weiter auszudehnen. Für den Masai-Krieger (ganz rechts) ist eine bestimmte Frisur vorgeschrieben. Die Haare werden mit Gräsern verlängert und zu dünnen lehmigen Schnüren gedreht.

Mit etwa 16 Jahren wird der heranwachsende Masai-Junge beschnitten. Nach Ausheilung der Wunde gibt es ein rauschendes Fest, bei dem der Junge als »El Moran« feierlich in den Stand der Krieger aufgenommen wird. Die Körper werden mit Asche bleich getönt und mit Linien und Ornamenten bemalt.

108 *Für den »El Moran« beginnt ein neuer Lebensabschnitt. Ganz andere Aufgaben kommen nun auf ihn zu. Am Eunoto-Fest*

sind alle Masai einer Gruppe beteiligt. Auch die Frauen rasieren sich und legen ihren reichhaltigen Schmuck an.

Die Masai sind Nomaden, das Rind steht im Zentrum ihres Daseins

Erst seit allerjüngster Zeit beginnen die Masai, neben der Rinderzucht auch einzelne Nutzpflanzen wie Mais und Gemüse anzubauen. Mit Versuchen dieser Art will die Regierung von Tansania die Masai seßhaft machen. Seit Jahrhunderten ist das Rind die ausschließliche Lebensgrundlage. Nicht nur die Nahrung kommt von ihm, es liefert auch Kleidung, Trinkgefäße und Hüttendächer. Die großen Herden bedingen das Umherziehen auf der Suche nach immer neuen Weideplätzen und schließen eine seßhafte Lebensweise aus. Es gibt nichts auf der Welt, was vom Masai höher bewertet würde als das Rind. Ein Sprichwort illustriert diese Rangstellung: »Eine Kuh gleicht eines Mannes Kopf.« Damit soll zum Ausdruck kommen, daß eine Kuh früher einmal ebenso hoch eingestuft wurde wie ein Mensch. Hatte ein Masai zum Beispiel ein Sippenmitglied umgebracht, so war das Strafmaß eine tragende Kuh. Die Ernährungsweise beleuchtet diese enge Verbundenheit mit dem Rind. Dreierlei vermag das Tier zu liefern: Milch, Blut und Fleisch. Diese drei bilden bis heute die Grundnahrungsmittel für jeden Masai. Das Blut wird nur von lebenden Tieren abgezapft. Zu diesem Zweck durchbohrt man die Halsschlagader mit einem Pfeil, der nur zwei Zentimeter tief eindringen kann. Bis zu zwei Liter Blut werden aufgefangen. Mit Harz läßt sich die Wunde schließen.

Was fasziniert den Nichtafrikaner so am Leben der Masai? Ohne Frage sind es ihr Äußeres, ihr Wesen und ihre Lebensweise, wofür der abgekämpfte und streßgeplagte Großstadttourist Sympathie und vielleicht einen verborgenen Neid empfindet. Sehenswert ist ihr attraktiver körperlicher Wuchs. Sie gehören zur äthiopid-kaukasoiden Rasse, sind hochgewachsen, schlank und langbeinig. Die tägliche, mit Kokosfett und Milch geübte Körperpflege bedingt eine extrem weiche und samtartige Haut.
Ihre menschliche Ausstrahlung von Sicherheit und Fröhlichkeit wird von Touristen oft genug als Arroganz fehlgedeutet. Dazu kommt ihr offenes und aktiv ausgedrücktes Interesse für fremde Menschen und hochmoderne, ihnen völlig ungewohnte Technik. Wenn der mit neuzeitlichem Elektronengerät bepackte Tourist Kiswaheli zu sprechen versteht, entwickelt sich in einem Zeitraum von zehn Minuten eine so herzliche und temperamentvolle Diskussion, als seien Masai und Fremder schon jahrelang in Freundschaft miteinander verbunden.
Ihre archaische Lebensweise ist streng eingebunden in den biorhythmischen Verlauf der vier Jahreszeiten: je eine große und eine kleine Regen- sowie Trockenzeit. Der Alltag konzentriert sich ganz auf die Viehhaltung und die Verwertung dessen, was das Rind hergibt: Milch, Blut und Fleisch als Grundnahrungsmittel; Leder, Haare, Horn, Knochen, Sehnen und Innereien als Rohstoff für Kleidung, Werkzeug und Waffen; Urin als Desinfektionsmittel bei Wunden und Geschwüren; Exkremente vermischt mit Lehm als regenundurchlässiger Baustoff für den Hausbau; schließlich Milchfett als Ersatz für nicht vorhandenes Wasser zur Körperpflege.
Das Leben der Masai wird in bestimmten Zeitabständen unterbrochen von gewaltigen Festen. Sie orientieren sich an Ereignissen, die für das gesellschaftliche Zusammenleben wichtig sind. Rituale dieser Art spielen in archaischen Gesellschaften nach wie vor eine bedeutende Rolle, weil sie den Übergang des Menschen von einem Zustand in einen anderen vorbereiten und begleiten. Sie helfen, die übernatürlichen Gefahren zu vermeiden, die der Augenblick der Schwebe zwischen dem alten und dem neuen Zustand für die Betroffenen mit sich bringen kann. Es geht also um die kritischen Stadien des menschlichen Lebens.
Alle Kulturen kennen solche Übergangsrituale, die das Individuum von einem Lebensabschnitt zum andern begleiten.

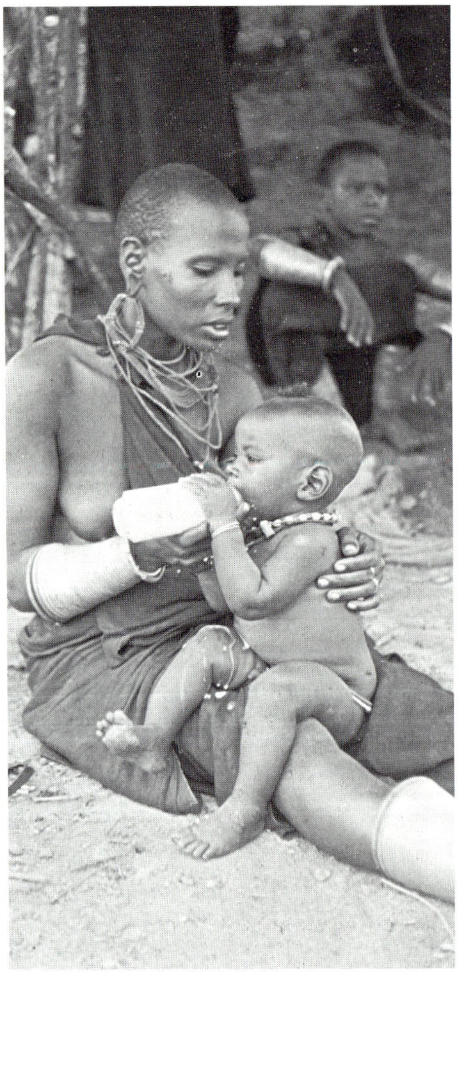

Kinder, Jugendliche, junge Mütter und lebenserfahrene Senioren: Jede Gruppe hat seit Jahrhunderten ihren überlieferten, feststehenden Katalog von sozialen Funktionen und alltäglichen Aufgaben. Die jungen Frauen und Mütter sind nicht nur Erzieherinnen, Hausfrauen und Hüttenbauer, sondern auch begabte »Feinmechanikerinnen«. Ihre Sache ist nämlich auch die Reparatur und Neuanfertigung des Schmucks der Männer und Frauen. Die oft sehr kompliziert konstruierten Ringe und Ketten setzen viel Handfertigkeit, Materialkenntnis und natürlich auch Geduld voraus.

Auch dem Europäer sind solche Feierlichkeiten vertraut, mit denen Geburtstage, Konfirmationen, Kommunionen, Hochzeiten, Jubiläen und Pensionierungen begangen werden. Bei den Masai bilden die Beschneidungsfeiern, die sogenannten Initiationen, in deren Verlauf die Heranwachsenden zu vollwertigen Mitgliedern der Gesellschaft erhoben werden, das wichtigste Übergangsritual von einem Lebensabschnitt in den andern. Neben dem sozialen Aspekt der Rollenzuteilung spiegeln Initiationen auch biologische Gesetzmäßigkeiten wider und wiederholen in dramatischer Form mythologische Abläufe.

Die biologische Komponente kommt zum Ausdruck in der vorübergehenden Trennung der Heranwachsenden von ihrem Elternhaus sowie in dem Verbot, vor der Initiation Kinder zu zeugen, obwohl das von der körperlichen Reife her durchaus möglich wäre. Mythologisch werden diese Zusammenhänge in Begriffe von Tod und Wiedergeburt der Initianden ausgedrückt. Sie reiben ihre Körper mit Asche oder weißgrauer Tonerde ein. Damit sind die Novizen für ihren bisherigen Lebensabschnitt gestorben; sie befinden sich in Wiedergeburt für ihren neuen Status.

Es ist früher vorgekommen, daß Masai-Kinder während der Initiationsriten starben, weil sie den ihnen bewußt auferlegten Strapazen und Härten nicht gewachsen waren. In Gesellschaften, die keine Überschußwirtschaft kennen und auf die volle Einsatzfähigkeit jedes einzelnen Gruppenmitglieds angewiesen sind, haben Schwächlinge, Krüppel und chronisch Kranke keine Chance. Vor diesem Hintergrund wird der einstmals bedeutsame Sinn der Initiation deutlich, nämlich als Ritual zur sozialen Auslese.

Die Masai-Kinder erreichen ihre Pubertät mit etwa elf Jahren. Da die Eltern der Initianden jedoch ganz erhebliche Mittel für die materielle Ausrichtung der Feiern aufbringen müssen, zögern sie das festliche Ereignis gern ein wenig heraus. Aus diesem Grund weicht die soziale Reife oft um mehrere Jahre von der körperlichen ab, so daß man durchaus noch 18- bis 19jährige Novizen antrifft. Initiationsfeiern werden überdies nur etwa alle fünf Jahre veranstaltet.

Die zur Beschneidung bestimmten männlichen Kandidaten versammeln sich ohne Waffen in den verschiedenen Krals einer Region. Sie reiben sich mit weißer Tonerde ein und bemalen ihre Gesichter. Drei Monate lang wandern sie nun von Gehöft zu Gehöft. In einem bestimmten Kral erwartet sie der Beschneider, der ihnen die Vorhaut kappt. In einer Ochsenhaut wird das vergossene Blut aufgefangen. Anschließend leben die Novizen für eine längere Heilungsperiode in völliger Abgeschlossenheit ohne Kontakt mit der Außenwelt. Sobald die Wunde ganz verheilt ist, wird ihnen wie schon zu Beginn der Initiation das Haar geschoren. Wenn es dann wieder so lang gewachsen ist, daß man es in Strähnen kämmen kann, werden die Novizen »El Moran« genannt und gehören von nun an dem begehrten Stand der Krieger an. Sie leben in eigens für sie reservierten Krals, die häufig im Grenzgebiet angesiedelt sind, denn ihre vorrangige soziale Aufgabe ist jetzt nicht mehr die Weideaufsicht der Herden, sondern die Verteidigung ihres Gebietes gegen das gewaltsame Eindringen von Fremden ganz allgemein und Viehdieben im besonderen. In der Moran-Rolle wird noch nicht geheiratet. Die jungen Verteidiger der Nation können mit verschiedenen jungen Mädchen Kontakt pflegen.

Die Mädchen werden nicht auf Wanderschaft geschickt. Sie müssen sich einer Klitoris-Beschneidung unterziehen, die in der elterlichen Wohnstätte von einem Spezialisten vorgenommen wird. Sobald die Wunde verheilt ist, schmücken sie sich auffallend sorgfältig, damit jeder Mann erkennen kann, daß sie sich nun verheiraten wollen.

Nun halten alle Initiierten feierlichen Einzug in jenen Kral, in dem das Abschlußfest dieser Initiations-Generation stattfindet. Die Männer sind für ihre künftigen Aufgaben mit neuen Waffen und Geräten ausgestattet: Lanze, Schwert und Keule. Neben deftigen Belustigungen führen sie einen Hochsprung-Wettbewerb durch.

Die Frauen warten schon darauf, das festliche Ereignis ausgelassen zu begehen. Mit erotisch betonten Tänzen sorgen sie für eine angenehm erregende Stimmung. Nach dem Fest beginnen auch sexuell neue Beziehungen: Die Krieger bleiben unverheiratet und pflegen freie Verhältnisse, die jedoch nicht zu Schwangerschaften führen dürfen.

Dieses Fest anläßlich des Eintritts in den Moran-Status, das Eunoto-Fest, beginnt bei Sonnenaufgang und muß nach alter Tradition vor Sonnenuntergang zu Ende gehen. Sollte bei anbrechender Dunkelheit doch noch die Hälfte eines gerösteten Ochsen übriggeblieben sein, weil die Festteilnehmer vor lauter Tanzen nicht zum Essen kamen, so muß das restliche Fleisch den Raubtieren im Busch als Nachtmahl dargebracht werden.

Die Nuba

Burgbewohner im sudanesischen Hochland

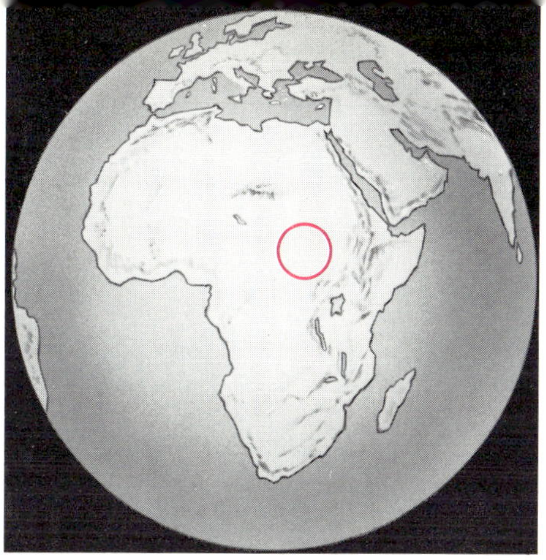

»Wir kamen aus der Savanne. Dann vor sechs, vielleicht zehn Generationen kamen kriegerische Nomadenstämme in den Süden, und Sklavenhändler aus dem Osten und Westen drängten uns in die Berge zurück. Hier, hoch oben in den Bergen, bauten wir unsere runden Häuser, wie Festungen.« So überlieferte ein Stammesältester der Masakin-Nuba die Geschichte seines Volkes in den Nuba-Bergen am oberen Nil.

 Halskette, Ohrringe und Schönheitsnarben schmücken diesen Nuba-Mann.

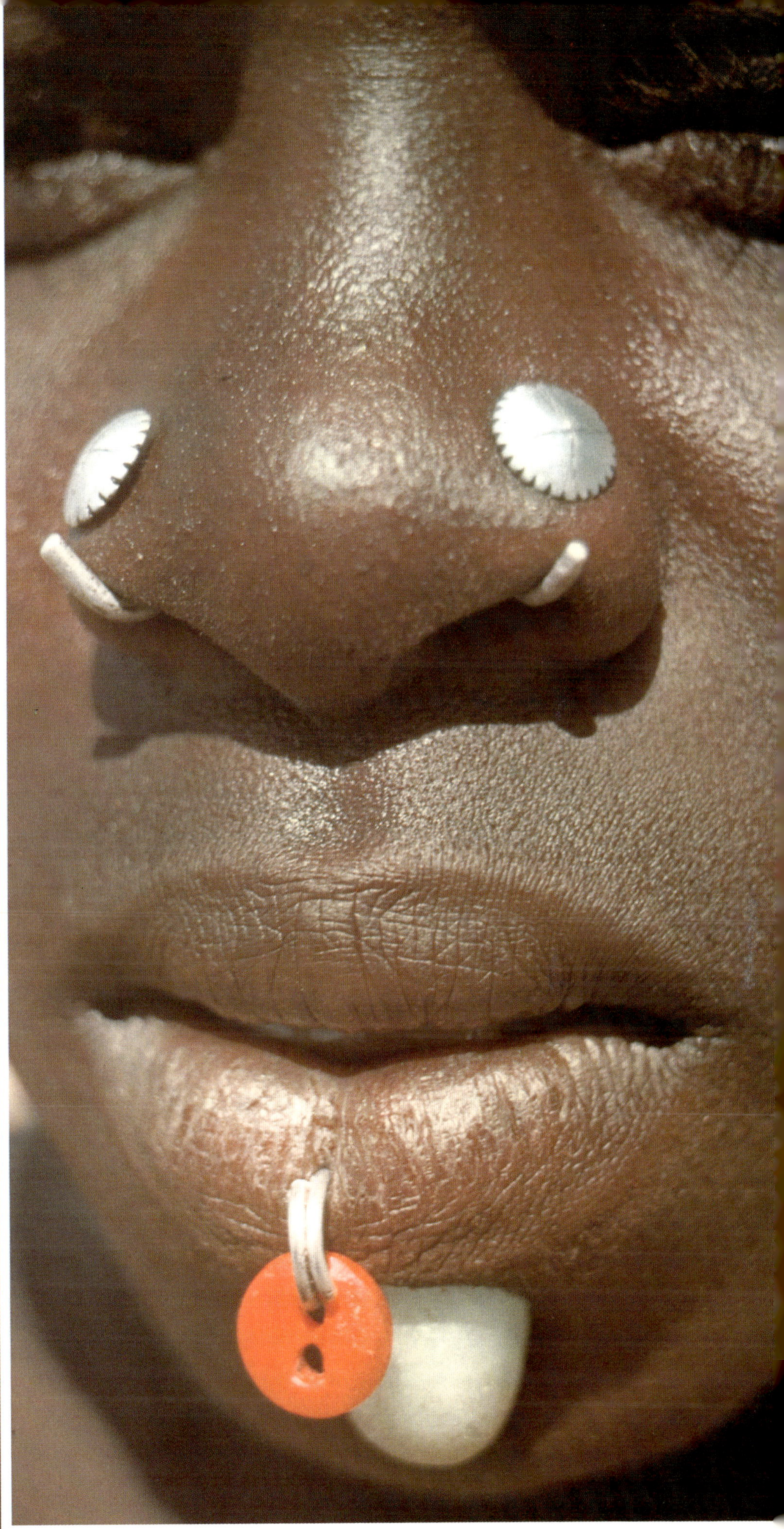

Damen bevorzugen Hals-, Nasen-, Ohren- und Lippenschmuck vieler Arten.

Die Wohnburgen der Nuba

Die fünf Türme der Nuba-Burgen sind durch kurze Mauern zu einem Kreis verbunden und bilden für die Familie eine abgeschlossene Enklave. Lose gewebtes Gras und Äste überdachen einen Innenhof, von dem aus man in die einzelnen Türme gelangt. Das Tageslicht dringt nur durch eine runde Öffnung ins Innere, die gleichzeitig das Einstiegsloch ist. Im Innenhof wird gekocht, hier hängen auch die Küchengeräte (oben). Die Wände sind bemalt.

An einer Wand in jedem Innenhof ist ein Wasserbockgehörn eingemauert. Darauf ruht eine wassergefüllte Kalebasse mit einem kleinen Loch im oberen Rand. Nach einer leichten Drehung fließt ein dünner Wasserstrahl heraus – eine perfekte »Dusche« (oben). Auf dem Steintisch im Vorrats- und Mühleturm wird Hirse gemahlen (links). Die Einstiegslöcher in die Schlafräume sind sehr eng, damit die Wärme in kühlen Nächten nicht entweicht und Schlangen abgehalten werden (rechts). In die Mühletürme führen größere Einstiege.

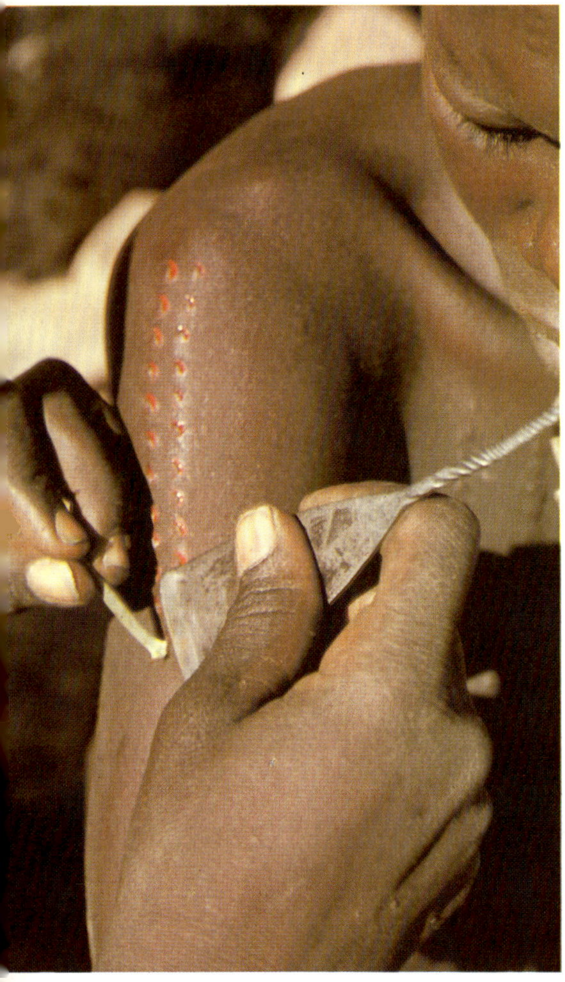

Besonders wichtig im Leben der Nuba sind die Schönheitsnarben. Es gibt kaum eine Körperstelle, die durch solche Vernarbungen nicht verziert würde. Mit Hilfe eines Dorns und eines messerähnlichen Spachtels bringen sie sich die Narben gegenseitig bei (links). Bei den schwierigeren Mustern sind oft wahre Künstler am Werk. Der Oberarm dieses Nuba-Mannes (unten) weist beispielsweise 120 Einschnitte auf. Sie wurden in nicht einmal zwanzig Minuten ausgeführt. Die Narben haben zum Teil mythische Bedeutung und werden bei Frauen etwa vom achten Lebensjahr an eingeritzt. Im Lauf der Jahre kommen immer neue Narben dazu. Die schwangere Nuba-Frau (ganz unten) erhält eine Benarbung, die ihr ungeborenes Kind schützen soll. Oft bedecken die Schmucknarben den ganzen Rücken (rechts). Sie werden mit Speichel und Sesamöl eingerieben.

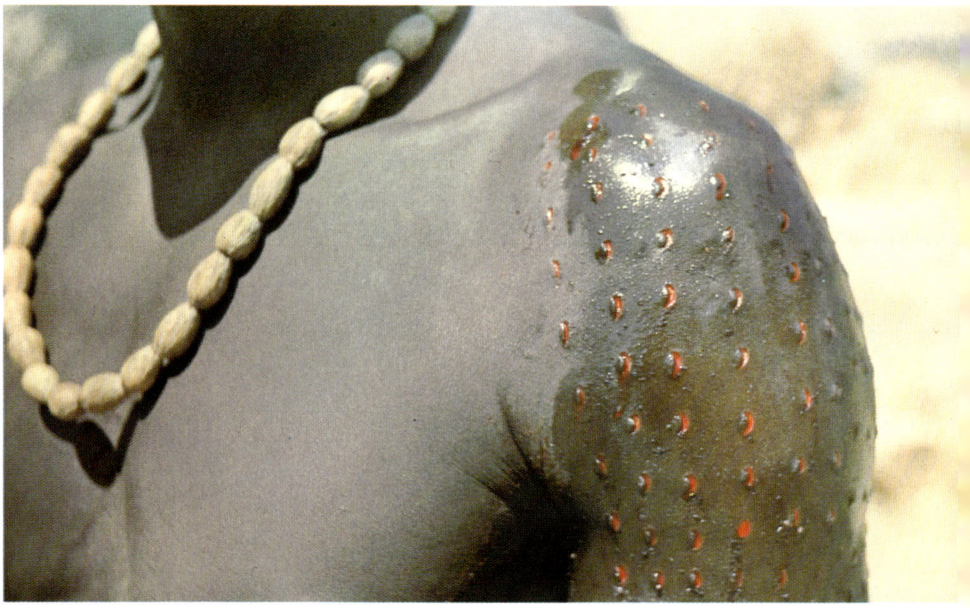

Das Sanda-Fest ist alles in einem: Erntedankfest, Sportveranstaltung und Party. Viele Besucher aus anderen Nuba-Dörfern

ziehen zum Sammelplatz in das staubige Tal unterhalb des Dorfes Tosara – oft auf stundenweiten Wegen.

Bei den Nuba sind die stärksten Männer auch die besten Musiker

Zur Vorbereitung auf die Ringkämpfe des Sanda-Festes hat sich ein Ringer mit einem Tierschwanz geschmückt und mit weißer Asche eingerieben (oben). Zur Erfrischung der Kämpfer bringen die Frauen Kalebassen mit selbstgebrautem Hirsebier »Merissa« (rechts).

Die Ringer des Sanda-Festes haben innerhalb der Dorfgemeinschaft einen besonderen Status. Ein ganzes Jahr lang brauchen die Favoriten der einzelnen Dörfer nicht zu arbeiten. Sie bekommen als Sondernahrung ein Gemisch aus Sauermilch, Sesam und Honig, also eine eiweiß- und zuckerhaltige »Kraftnahrung«. Ihre Mußestunden verbringen sie mit Musizieren. Deshalb sind bei den Nuba die stärksten Männer im allgemeinen auch die besten Musiker – niemand hat mehr Zeit als sie für dieses Hobby. Der Ringkampf gleicht anfangs eher einem weichen, geschmeidigen Tanz (oben). Harte Schläge sind nicht erlaubt. Die Zuschauer bilden einen Kreis um die Kämpfenden. Wenn der Sieger feststeht, brechen sie in anerkennendes »Wau«-Geschrei aus. Jeder »Dorfchampion« im »Schwergewicht« reitet wie ein Fußballstar auf den Schultern seiner Fans über den Kampfplatz (links). Aber auch die Verlierer fühlen sich nicht gedemütigt. Sie sehen sich nach einem neuen Gegner um. Zum Abschluß der Kämpfe findet ein Ehrentanz statt.

Südlich von El Obeid steigt die Straße in Richtung auf das sudanesische Hochland zu langsam an. Der heiße Wind aus der Sahara beugte das dünne Gras. Die ausgefahrene Straße verbindet einsam gelegene Dörfer in dieser sonst fast menschenleeren Landschaft.

Es war nicht ganz einfach, in Khartum die amtliche Genehmigung für unsere Expedition zu den Nuba zu bekommen, denn der Eintritt in dieses Paradies ist für Fremde verboten, weil die Bewohner der unzugänglichen Nuba-Berge nach Ansicht der regierenden Araber ohne Textilien noch nicht zivilisiert sind. Wir erklärten, mehrere Stämme aufsuchen zu wollen, hofften aber, uns auf eine der primitiveren Gruppen konzentrieren zu können: auf die Masakin Qisar.

Nach einer schwierigen Autofahrt abseits aller Handels- und Verkehrswege gelangten wir schließlich in die graue und rötliche Granitlandschaft der Nuba-Berge. Sie umfassen ein Gebiet, das etwa so groß ist wie die Schweiz. Es liegt im Savannengürtel zwischen der Sahara und den Sümpfen des oberen Weißen Nil, in der Luftlinie etwa 600 Kilometer von der Hauptstadt Khartum im Nordosten und etwa 1200 Kilometer vom Äquator im Süden entfernt.

Wir gehörten zu den wenigen Fremden, die je die Nuba-Berge betreten hatten und sollten die Gelegenheit haben, die Nuba mehr als zwei Monate lang bei ihrer täglichen Arbeit, bei ihren Festen und Riten zu erleben. Sie waren stets freundlich zu uns. Es waren unkomplizierte, liebe Menschen. Sie hatten keinen Ehrgeiz, kein Ziel, keine Angst und keinen Neid. Sie kannten keine Sorgen, keine Uhr, kein Geld. Sie wußten nicht, was Kleider sind, Uniformen, Titel oder Ehrenzeichen. Sie waren nichts weiter als nur Menschen. Menschen im Paradies.

Aber das alles wußten wir noch nicht, als wir die ersten Hütten erreichten. Sie gehörten zu einem Dorf mit Namen Tadoro. Wir stellten zunächst unsere beiden Autos in den Schatten zweier großer Akazien, begrüßten den Mek (Dorfchef) mit dem nötigen Respekt und bauten mit seiner Erlaubnis unser Lager auf.

Unsere Ankunft wurde zunächst mit reservierter Neugier beobachtet. Eine Schar ebenmäßig gewachsener, schlanker Nuba umstand uns, völlig unbefangen in ihrer paradiesischen Nacktheit. Viele der Masakin hatten noch nie einen Europäer gesehen. Wir ließen sie unsere Arme berühren, damit sie sich überzeugen konnten, daß unsere weiße Farbe nicht abging. Schließlich versammelte sich das ganze Dorf zu unserer Begrüßung – der Mek, seine Söhne, seine Neffen und Nichten, alle seine zahllosen Verwandten. Mek Natu befahl »Merissa« zu bringen, ein Bier, das aus Hirse gebraut wird. Als dann die Kalebasse reihum ging, hieß er uns willkommen.

Hier in Tadoro konnten wir uns zum erstenmal ihre Hütten, die Fluchtburgen ähneln, näher ansehen. Sie bestehen aus jeweils fünf runden Türmen, bis zu fünf Meter hoch, die durch kurze Mauern zu einem Kreis verbunden sind. Ihre Granitwände sind außen und innen mit oft bemaltem Lehm bestrichen.

Jede der Hütten dient einem besonderen Zweck. Die erste Hütte links vom Haupteingang ist das Schlafzimmer der Eltern. In der zweiten sind Hühner, Ziegen und Schweine untergebracht, und eine Etage höher, mit eigenem Eingang, schlafen die Kinder. Die dritte Hütte dient mit Hirsevorräten, Mühlsteinen und einem flachen Steintisch als Mühle. Wenn er allein sein will, besetzt der Mann die vierte Hütte und teilt sie sich mit Biertöpfen, Wasserflaschen und Nahrungsvorräten. Der fünfte Turm schließlich ist als Scheune für die Jahresernte und als Absonderplatz für junge Mädchen gedacht. Mit Staunen stellten wir fest, daß jede Burg ihre eigene Dusche besitzt. Frauen und Mädchen tragen das Wasser zum täglichen Duschbad von weit her aus dem Tal oft dreihundert Meter hoch in die Berge.

Stolz führte uns Mek Natu durch sein Dorf, an seiner Seite sein Neffe Aleppo. »Kinder bleiben gewöhnlich bis zu ihrem fünften oder siebenten Lebensjahr bei ihren Eltern«, erklärte er uns in gebrochenem Arabisch. »Dann werden sie vom Bruder ihrer Mutter adoptiert und wachsen bei ihm auf. Dieser Stammesbrauch stärkt den Zusammenhalt der Familie.« Die Knaben hüten und melken Ziegen und Rinder und üben sich schon früh im Ringkampf und Speerwerfen.

Die Mädchen werden nach altem Stammesritus nach ihrer ersten Monatsblutung einige Monate von der Gemeinschaft abgesondert. Während dieser Zeit leben sie im Vorratsturm. Sie dürfen den Turm nicht verlassen, und niemand darf zu ihnen hinein. Das Essen wird ihnen durch die Einstiegsöffnung gereicht. Sie brauchen während dieser Zeit nicht zu arbeiten, sondern sollen »attraktiven« Speck ansetzen. Nach der Entlassung aus der Klausur bekommt jedes Mädchen in einer großen Zeremonie von seinen Pflegeeltern Geschenke.

Mädchen wie Jungen führen dann ein

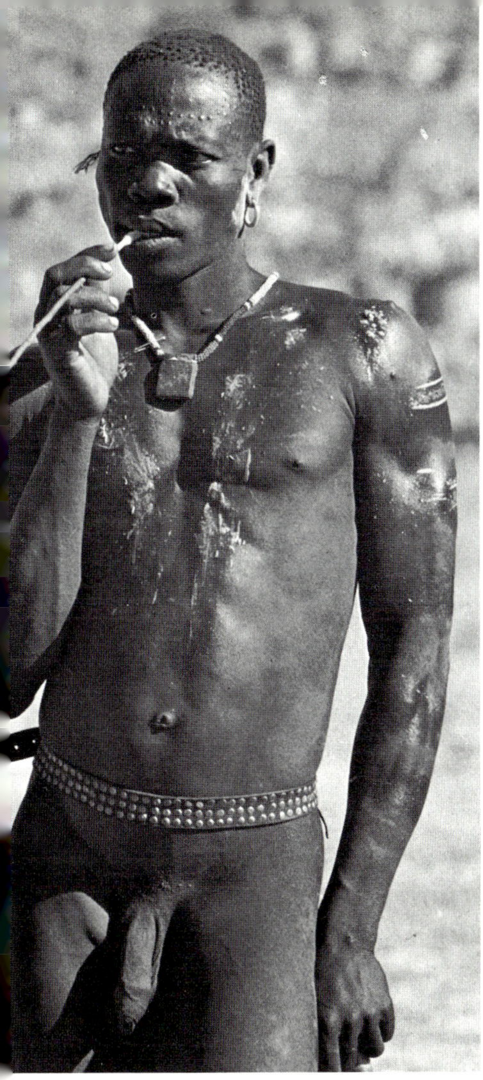

Die Nuba (Bilder oben) sind sehr geschickte Töpfer. Die Frauen in dem Dorf Katla formen Töpfe und Schalen aus rotbraunem Ton, die gebrannt werden, und solche aus Kuhmist, die nur an der Sonne getrocknet werden und deshalb nicht wasserdicht sind. Die Hirserispen werden in Gemeinschaftsarbeit mit flach geschnitzten Knüppeln gedroschen. Nachbarn und Verwandte helfen einander (unten). Die Tabakpflanzen müssen ständig gegossen werden. Die Nuba beiderlei Geschlechts sind leidenschaftliche Tabakkauer und auch Tabakschnupfer.

ziemlich freies Leben. Sie wählen sich den Partner selber, kennen keine Eifersucht und keine Sex-Tabus. Nach der Hochzeit bleibt die junge Nuba-Frau bis zu ihrem ersten Kind bei ihren Pflegeeltern, während sich der Nuba-Mann um den Aufbau des späteren Heimes kümmert. Den Kaufpreis für seine Frau erarbeitet er auf den Feldern von Verwandten. Ein Mann kann auch mehrere Frauen haben – aber das wird teuer, denn jede hat Anspruch auf eine eigene Burg. »Man muß so reich sein wie ich, um mehrere Frauen haben zu können«, erklärte Mek Natu bescheiden. Er hatte drei.

Es gibt auch so etwas wie verbotene Heiraten. Ein Nuba würde zum Beispiel nie zwei Schwestern heiraten, auch dann nicht, wenn er sich mehr als eine Frau leisten könnte. Er würde zwar nicht bestraft, aber die Mißbilligung der Dorfgemeinschaft würde ihn schlimmer treffen als Peitschenhiebe.

Eine Nuba-Frau trägt außer der Rindenstoffbinde keine Kleidungsstücke, aber nackt ist sie nur, wenn sie keine Schönheitsnarben hat. Für einen Europäer sieht die Prozedur grausam aus, aber die Nuba ertragen sie ohne erkennbare Gefühlsregungen. Mit einem Dorn wird die Haut gestrafft und hochgeschoben, dann schneidet ein spachtelähnliches Messerchen nur flach in die Haut. Der Dorn schiebt das Hautfetzchen etwas hoch – das gibt später eine etwa drei Millimeter hohe Buckelnarbe. Die Schnitte erfolgen nahe beieinander. Wir zählten hundertzwanzig Schnitte in kaum zwanzig Minuten. Zum Schluß werden die Wunden mit Speichel angefeuchtet, mit Sesamöl eingesalbt und mit Erde bedeckt.

Die auf diese Weise eingeschnittenen Narbenmuster haben alle eine bestimmte Bedeutung. Das beliebteste Muster sind drei Narbenreihen auf dem linken Schulterblatt. Darunter liegt das Herz, und die Narben sollen für ein ausgeglichenes Liebesleben und für das Glücklichsein mit einem Mann sorgen.

Das Narbeneinritzen beginnt bei den Nuba-Mädchen im Alter von sieben oder acht Jahren. Bis zum ersten Kind bleiben einige Körperstellen frei von Schmucknarben. Die Nuba-Männer haben sich phantasievollere Muster vorbehalten. Auf ihrer Brust und am ganzen Körper werden symbolische Motive und Tierfiguren eingeritzt. Der Künstler schneidet in die Haut des Mannes viel tiefer ein, dadurch bekommt das Relief ein tieferes Profil, die Narben treten stärker hervor. An besonderen Festtagen salben sie sich mit Sauermilch und Butter und reiben

Bei dem Dorf Tadoro (links) hatten wir unser Hauptlager aufgeschlagen. Länger als zwei Monate lebten wir hier bei den Masakin und studierten ihre Sitten und Gebräuche. Auch sie glauben an ein Leben nach dem Tod. Der Leichnam wird mit den Beigaben in ein Grab versenkt. Durch eine schmale Einstiegsröhre (unten links) gelangt der Totengräber ins Innere, um in einem Meter Tiefe die Grabkammer auszuweiten. Daneben ein geschmücktes Grab.

den ganzen Körper mit weißer Asche ein.

Frühmorgens, wenn die Masakin auf ihre Felder gingen, kamen sie an unserem Lager vorbei und begrüßten uns mit einem »Guten Morgen!« – einem der deutschen Ausdrücke, die sie bei uns aufgeschnappt hatten. Uns lief jedesmal ein kalter Schauer über den Rücken, wenn wir sie in der kühlen Morgendämmerung ohne ein einziges wärmendes Kleidungsstück am Leib vorübergehen sahen. Aber die Nuba sind voll akklimatisiert, ihnen machen diese Temperaturunterschiede zwischen Tag und Nacht nichts aus. Zur Mittagszeit maßen wir Temperaturen um + 40 °C, während es in der Nacht bis unter + 15 °C abkühlte.

Ihre Hirsefelder liegen weit vom Dorf entfernt im Flachland. Jeden Tag arbeiten die Männer unermüdlich in der heißen Sonne. Mit eisernen Messern oder Speerspitzen schneiden sie die Rispen von den Stengeln. Während der Arbeit maßen wir mit einem speziellen Gerät ihre Pulsfrequenz und waren erstaunt. Es war uns unverständlich, wie sie den ganzen Nachmittag die Hitze auf den Feldern ohne merkliche Veränderung ertragen konnten, während wir vor Hitze keuchten.

Am Nachmittag kamen die Frauen mit großen Körben, die sie bis zum Rand mit Hirserispen füllten. Auf dem Kopf trugen sie die schweren Lasten zu den einige Kilometer entfernt gelegenen Trockengestellen. Wenn die Hirserispen getrocknet sind, werden sie von den Männern mit flachen Keulen gedroschen. Die Frauen füllen das Druschgemisch in Kalebassen, halten diese hoch und lassen das Gemisch langsam herausrieseln. Der Wind weht die Spreu fort, die Körner fallen zu Boden.

Im April beginnt die Regenzeit, und bis Ende Mai wird die Saat ausgestreut. Die leichte Hirse schneiden die Nuba im November, und erst im Dezember beginnen sie, die Späthirse einzubringen. Nach der Ernte wird das Vieh auf die Felder getrieben, das dann die Stoppeln abweidet.

Die Ernte selbst ist Gemeinschaftsarbeit, Nachbarn und Verwandte helfen sich gegenseitig auf ihren Feldern. Ein großer Teil der geernteten Hirse wird zum Brauen von Merissa (Bier) verbraucht.

Die Viehzucht steht bei den Nuba erst an zweiter Stelle. Die Tiere sind mager und geben kaum Milch, die auch erst dann als schmackhaft empfunden wird, wenn sie sauer ist. Sie bleibt den Ringkämpfern und den alten Männern vorbehalten. Wer es sich leisten kann, benutzt sie zum Einreiben des Körpers.

Nach der Ernte kam die Zeit des großen Festes, die Tage und Nächte der »Sandas«, ausgefüllt mit wilden Tänzen und Gesängen und den Ringkämpfen als Hauptattraktionen. Manche Stämme hatten einen stundenlangen Anmarsch hinter sich, bevor sie am Sammelplatz eintrafen. Die Männer trugen Fahnen, Speere, Schilde und Keulen. Sie waren mit Bändern und Fellstreifen, Tierschwänzen und Rasseln geschmückt.

Den Mittelpunkt der Festwochen bildeten die Ringkämpfe. Die Nuba haben daraus geradezu einen Kult gemacht. Die besten Ringer kommen in Ansehen und Privilegien den Medizinmännern gleich.

Der Kampf beginnt wie ein Ballett. Die beiden Kämpfer machen Tanzschritte, schütteln die Arme und die Schultern, lassen ihre Glieder flattern, die Muskeln spielen. Es war ein Imponiergehabe, wie man es bei Vögeln beobachten kann.

Dann erst erfolgt der Angriff. Die Regeln scheinen einfach. Schmerzhafte Griffe sind verboten, sonst ist alles erlaubt. Man schlägt sich nicht, sondern man faßt sich und ringt, weich und geschmeidig, fast tänzerisch. Verloren hat, wer zuerst mit dem Körper den Boden berührt.

Als es dämmerte, signalisierte der dumpfe Klang eines mit Bienenwachs verlängerten und nun 210 Zentimeter langen Kuduhorns das Ende der Ringkämpfe. Jetzt begann der wilde, rhythmische Tanz der Jugend im Schein der Lagerfeuer und einiger Fackeln, angefeuert durch die Trommeln und den Klang der fünfsaitigen Nuba-Gitarren.

Die Seycheller

Auf den Trauminseln des Indischen Ozeans

Wenn das Paradies irgendwo auf dieser Erde zu suchen sei, dann auf den Seychellen – diese Überzeugung vertrat vor 100 Jahren ein britischer General, beeindruckt vom paradiesischen Leben auf der winzigen Inselgruppe: alle 90 Inseln erreichen nicht einmal die Fläche Westberlins. Das Foto zeigt die Küstenlinien der Granitinseln St. Ann's und Cerf Island. Hauptinsel des Archipels ist Mahé mit der Hauptstadt Victoria.

134 *Die größte und am dichtesten besiedelte Seychelleninsel ist Mahé mit dem Regierungssitz der Inselrepublik und deren höch-*

stem Berg, dem 912 Meter hohen Morne Seychellois. Die Hauptstadt Victoria hat 13 600 Einwohner.

Romantische Atolle und verträumte Buchten

Die Koralleninsel Aldabra (oben links) ist ein Paradies für Schildkröten. Hier gedeihen Tausende von riesigen, bis zu anderthalb Meter lange Landschildkröten, die unter Naturschutz stehen und sich an gelegentliche Besucher gewöhnt haben. Gegen einen Ritt auf dem Panzer haben sie nichts einzuwenden. Einen ähnlichen Schildkrötenreichtum gibt es nur auf den Galapagosinseln. Links: Eine der zahllosen verträumten Buchten. Diese ist auf der zehn Quadratkilometer großen Insel La Digue zu finden. Fischer ziehen ihr Boot auf den Strand, eine schlanke Piroge, wie sie auf den Seychellen nach westindischem Vorbild gebaut zu werden pflegt. Oben: Reiche Beute an der Angel. Auch dem Anfänger macht es keine Schwierigkeiten, sich das Mittagessen einzufangen.

»Coco de Mer« – die rätselhaften Nüsse von Praslin

Nur auf der Seychelleninsel Praslin, 39 Quadratkilometer groß, gedeiht die geheimnisvolle Seychellennuß. Weil man einst annahm, sie stamme von einer Meerespalme, taufte man sie »Coco de Mer« oder Meereskokosnuß. Im Naturschutzgebiet »Valley of May« auf der Insel Praslin ragen die bis zu 30 Meter hohen Coco-de-Mer-Bäume über ein Gewirr von Riesenfarnen empor (links). Die Früchte werden bis zu 20 Kilogramm schwer, sie sind erst nach sieben Jahren reif und werden auch »unanständige Nüsse« genannt, weil sie haargenau aussehen wie ein Damenpopo (unten). Aus den ausgehöhlten und polierten Nußschalen verstehen die Seychellenbewohner Gefäße herzustellen, die früher für wundertätig gehalten wurden. Man kann eine Reistafel oder ein kaltes Büfett in den Doppelschalen servieren (rechts).

Auch für Vögel sind die Seychellen ein Paradies

Die Seychellen sind so reich an Vögeln vieler Arten, daß sie Vogeldünger (Guano) in großen Mengen exportieren können. Für seine »Produktion« sind vor allem die ausgedehnten Seeschwalbenkolonien verantwortlich. Links oben eine junge Seeschwalbe, ganz links Seeschwalben im Flug. Vor allem auf den kleinen, unbewohnten Atollen gibt es Papageien und Fregattvögel, Kormorane und Tölpel, Reiher und Albatrosse. Links: Kalong oder Fliegender Hund, eine Großfledermaus. Rechts: Riesenschildkröte auf Aldabra.

Eine paradiesische Inselgruppe am Rande der Welt – so wirken die Seychellen auf den Besucher aus Europa. Wenn man sich das Paradies als eine Art Schlaraffenland vorstellt, in dem einem die Natur ohne nennenswerten eigenen Kraftaufwand liefert, was man zum einfachen Leben braucht, so ist diese Bezeichnung nicht ganz falsch. Und was den Rand der Welt betrifft – die Hauptinsel der Seychellen, Mahé, ist runde 1600 Kilometer von der afrikanischen Ostküste entfernt, und bis zum nächsten indischen Küstenpunkt sind es sogar mehr als 2700 Kilometer.

Zusammen sind es 90 Inseln und Inselchen. Nur vier davon haben eine größere Fläche als vier Quadratkilometer: Mahé mit der Hauptstadt Victoria (sie ist überhaupt die einzige Stadt der Seychellen), Praslin mit dem berühmten Naturschutzgebiet Valley of May (hier wachsen die Coco-de-Mer-Bäume), Silhouette mit großen Vogelkolonien und La Digue, wo die besten Boote der Seychellen gebaut werden. Die meisten der kleineren Inseln sind unbewohnt.

17 der 90 Inseln bestehen aus Granit oder Syenit und erheben sich auf einer untermeerischen Schwelle. Alle anderen wuchsen im Lauf der Jahrtausende aus Korallen heran. Auch die steinernen Inseln haben breite Korallensäume. Sie sind ein Paradies für Taucher – hier drehte Cousteau einige seiner schönsten Unterwasserfilme. Und überdies gibt es in den Gewässern um die weit auseinander liegenden Inseln und Inselchen einen sagenhaften Fischreichtum, wobei nicht nur die Menge und Dichte der Fischschwärme bemerkenswert ist, sondern auch die normales Maß übersteigende Größe der Fische.

Alle Inseln zusammen erreichen nicht einmal die Grundfläche von West-Berlin. So ist es kein Wunder, daß die Seychellen erst verhältnismäßig spät entdeckt und noch viel später besiedelt wurden. Als erste kamen im 15. Jahrhundert die Portugiesen auf die Inseln. Sie interessierten sich damals mehr für den Seeweg nach Indien. Mit den unbewohnten Seychellen wußten sie nichts Rechtes anzufangen. So zeichnete Vasco da Gama zwar die Meeresposition in seine Karten, kümmerte sich aber fortan nicht mehr um seine Entdeckung.

1743 begannen sich die Franzosen für die Seychellen zu interessieren. Sie hatten sich bereits auf den weiter südlich liegenden Inseln ausgebreitet. Von den Franzosen stammt auch der Name für die Seychellen. Ihr Taufpate war der französi-

Die Ölmühle auf der Des-Roches-Insel (oben) dient zur Erzeugung von Palmöl. Vier Esel treiben den nach uralten Vorbildern gebauten Göpel an, der für die Zerkleinerung und das Auspressen des Rohmaterials sorgt. Palmenprodukte, vor allem von der Kokospalme, sind für die Ernährung wichtig, werden aber auch exportiert.

Die ursprünglich französischen Inseln wurden 1794 von den Engländern erobert. Aus der Zeit der englischen Kolonialherrschaft blieben viele »Erinnerungen« erhalten, so der Mini-Glokkenturm nach Londoner Vorbild (rechts), der sich im Zentrum von Victoria erhebt. Unten: Kinder beim Cannetta-Spiel mit Takamata-Nüssen.

sche Seeoffizier Moreau de Séchelles. Aber bedeutsamer für die Entwicklung der Inselwelt war der französische Gouverneur der Insel Mauritius (damals hieß sie noch Ile de France), Pierre Poivre. Er schickte 1768 die ersten Kolonisten auf die Seychellen, Franzosen aus Mauritius. Dazu kamen bald schwarze Sklaven aus Afrika.

Das plötzliche französische Interesse an den Inselchen hatte seinen besonderen Grund. Damals waren die Holländer im Besitz der Molukken, wo die meisten für Europa wichtigen Gewürze wuchsen. Sie wachten unerbittlich über ihr Monopol, bedrohten die Ausfuhr von Sämlingen mit der Todesstrafe und hielten durch Verbrennung riesiger Gewürzmengen die Preise hoch.

Statthalter Poivre riskierte Kopf und Kragen, um das holländische Monopol zu unterlaufen. Er stahl höchst eigenhändig Muskatnuß- und Gewürznelkenpflanzen auf den Molukken und legte auf Mauritius und den Seychellen Plantagen an. Die Gewürzpreise purzelten. Einige Zeit später wurden auch Vanille- und Zimtplantagen angelegt.

Die ursprüngliche Vegetation auf den Seychellen mußte den Plantagen weichen – darunter sechs Palmenarten, die überhaupt nur hier anzutreffen waren. Dafür wurden in großem Umfang Kokospalmen gepflanzt. Kokosprodukte sind heute die wichtigsten Exportartikel der Seychellen.

Immer neue Siedler ließen sich auf den Seychellen nieder. Die Inseln dienten aber auch als Verbannungsort für mißliebige Personen, weil sie so schön abgelegen waren. Noch 1956 verschickten die Engländer den zyprischen Erzbischof Makarios nach Mahé.

Die französische Herrschaft dauerte nur ein paar Jahrzehnte. Immer wieder tauchten britische Geschwader vor Mahé auf und forderten den französischen Statthalter, Chevalier Queau de Quinssi, zur Übergabe auf. Der Franzose kapitulierte, ließ die Trikolore einholen und den Union Jack aufziehen – nicht nur einmal, sondern insgesamt siebenmal, stets mit vollendeten Umgangsformen und diplomatischem Takt.

Wenn die Engländer abgezogen waren, flatterte gleich wieder die Trikolore am Mast. Und als 1814 im Frieden von Paris die Briten endgültig Besitzer der Seychellen wurden, setzten sie de Quinssi, der seinen Namen in de Quinci anglisierte, als britischen Kommandanten der neu errungenen Gebiete ein.

Unter britischer Herrschaft schlummerten die Inseln jahrzehntelang ohne besondere Fortschritte. Erst 1926 gab es auf Mahé elektrisches Licht, und das erste Auto bewunderten die Bewohner der Seychellen anno 1935. 1944 gab es das erste organisierte Schulwesen. Als es dann nach dem Zweiten Weltkrieg mit dem Kolonialismus zu Ende ging, wurde aus der Kronkolonie eine Republik, und der letzte britische Verwaltungschef, Sir James Richard Marie Mancham, übernahm 1976 den Posten des Staatspräsidenten für die rund 60000 Bewohner der Inseln (ein Jahr später setzte man ihn per Staatsstreich ab).

Unter den Seychellern von heute sind alle Hautschattierungen von hellem Weiß bis zu tiefem Schwarz vertreten. Neben französischen Kreolen, Mulatten und Negern gibt es Minderheiten von Indern, Chinesen und Malaien. Kreolisches Französisch ist die Umgangssprache. Die Vermischung der Rassen ist so tiefgreifend, daß es nach Meinung der Seychellenbewohner keinen Weißen ohne einen Tropfen schwarzes und keinen Schwarzen ohne einen Tropfen weißes Blut gibt.

Die Einwohnerzahl steigt. Familien mit zehn und zwölf Kindern sind keine Seltenheit, sondern der Durchschnitt. Bei jeder Geburt gilt die erste Frage der Hautfarbe. Jedes zweite Kind kommt unehelich zur Welt. Die Seycheller stört das weniger als ihre katholischen Priester, die auf der Nennung des Vaters bestehen (wegen der Gefahr von Verwandtenehen) und im übrigen die ehelichen Kinder am Sonntag taufen, die unehelichen dagegen am Freitag.

Man müßte lügen, wenn man behaupten wollte, die Seycheller drängten sich nach Arbeit. Das mag eine Nachwirkung der Sklavenbefreiung von 1835 sein. Für die Sklaven war Freiheit zunächst einmal gleichbedeutend mit Freiheit von der Arbeit. Reiche Fischschwärme vor den Küsten und fruchttragende Bäume (Kokospalme, Brotbaum) bilden die Grundlage der Ernährung.

Zwar sind die Löhne niedrig – aber die Lebenshaltungskosten sind es auch; einstweilen jedenfalls noch. Denn seit einigen Jahren wurden die Seychellen für den Tourismus entdeckt, und welche Folgen das für die anspruchslosen Seycheller auf die Dauer haben wird, ist heute noch nicht zu übersehen.

Der britische General Gordon Pascha, 1884 Verteidiger von Khartum gegen den Mahdi, war davon überzeugt, daß das biblische Paradies nur auf den Seychellen gelegen haben kann. Vielleicht war etwas dran an dieser Theorie.

Die Ladakhi

Im Bergparadies auf dem »Dach der Welt«

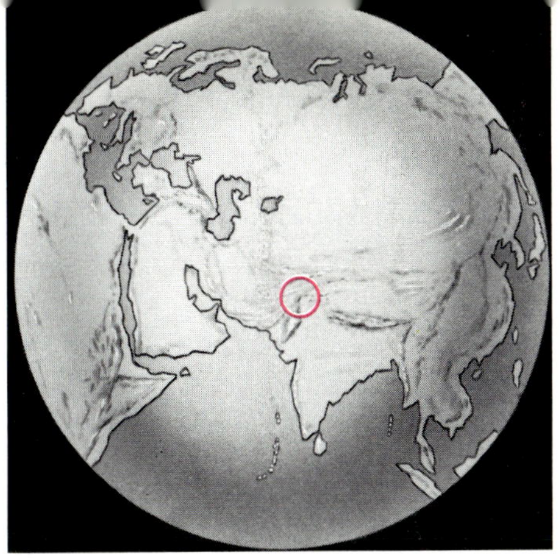

»Tschota Tibet«, Klein-Tibet, heißt bei den Einheimischen die Region von Ladakh, ein zwischen Karakorum und Himalaja gelegener Distrikt des indischen Bundesstaates Dschammu und Kaschmir. Wirklich erinnert das zugleich unwirtliche und faszinierende Hochland von Ladakh mit seinen Bergklöstern, Lamas und Stupas eher an Tibet als an Indien. Erst seit 1974 ist Ladakh für unternehmungslustige Touristen erreichbar.

146 *Das trockene, karge Hochland mit seiner extremen Witterung wirkt gleichermaßen unwirtlich und faszinierend auf Besucher,*

die in das letzte Bergparadies Ladakh auf dem »Dach der Welt« reisen. Kulissenartig türmen sich die Bergketten auf.

 Solche Reliefs wie der in Felsen gehauene Buddha sind auf dem Weg nach Ladakh oft anzutreffen. Das Kloster Lamayuru

ist nur eins von 260, die es in Klein-Tibet gibt – heilige Orte, an denen die Gläubigen den Eingang ins Nirwana erflehen.

 Mißtrauisch betrachten die Ladakhi den Fremden; sie offenbaren sich ihm erst nach längerer Bekanntschaft. Die Bergstraße

nach Ladakh ist wieder einmal von einer Steinlawine verschüttet. Bus- und Lastwagenfahrer schaufeln sie frei.

152 *Auf dem Markt von Hemis haben ein paar gewitzte Geschäftemacher ein großes, buntes Zelt aufgestellt. Sie nennen es*

»Hotel Tibet«. Statt Betten gibt es in ihm nur Schlafsäcke für die Gäste. Aber nicht alle ergattern einen Zeltunterschlupf.

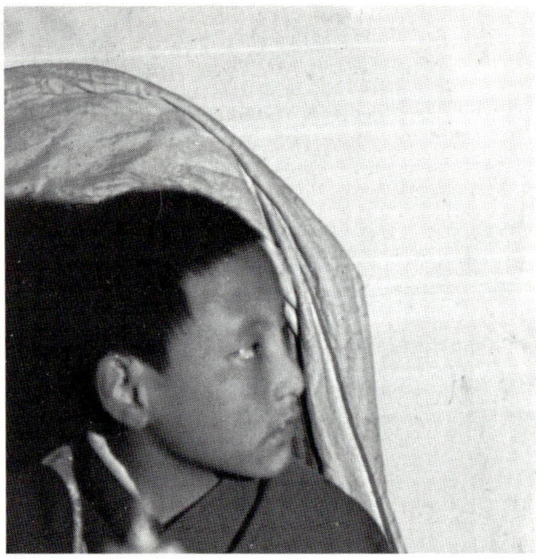

Die Ladakhi begrüßen ihr geistliches Oberhaupt

Das Volk von Ladakh begrüßt sein neues Oberhaupt. Zu Ehren der Ankunft des neuen Rinpotsche, des geistlichen Oberhaupts der Ladakhi, hat sich das Volk auf der Straße versammelt, über die der junge Edle in einer Kolonne von Geländewagen in ein Land fährt, das er zuvor nie gesehen hat (Bilder oben). Rinpotsche kann man

nicht werden, sondern man ist es kraft Geburt und durch die Bestätigung des Orakels. Ein Rinpotsche gilt als Wiedergeburt eines gottähnlichen Wesens und als Anwärter auf die Buddhaschaft. Er muß nicht genau zur Todesstunde seines Vorgängers auf die Welt gekommen sein – das ist eine Legende. Offensichtlich wird von den in Frage kommenden Knaben der intelligenteste und gesündeste ausgewählt, wodurch die Nachteile vererblicher Eigenschaften ausgeschaltet sind. Eine äußerst sorgfältige Erziehung tut ein übriges. Ich hatte Glück. Der älteste Begleiter des gottähnlichen Knaben war mein alter Bekannter Baku Rinpotsche, also auch eine Wiedergeburt (links); er vertrat Ladakh als Abgeordneter im indischen Parlament. Unter einem roten Schirm nahm der kleine Drugpa Rinpotsche den Jubel so gelassen hin, als sei er schon immer so gefeiert worden. Fische, die Muschel und die Lotusblüte waren die Glückssymbole, mit denen der Weg zum Tempel verschwenderisch ausgelegt war und über den der Edle mit seinem Gefolge den Tempel betrat.

Auf dem Höhepunkt des Festes erscheint Yamantaka

Besonderen Beifall ernten die Tänzer, die mit ihren Totenkopfmasken ins kreischende Publikum springen – Dämonen des Friedhofs, Halbgötter der Verwesung. Nach dem Volksglauben zerlegen sie die Leichen beim Begräbnis in zwei Teile, in den Körper und in die Seele. Entsetzt schauen die Ladakhi auf diese Gespenster, die mit ihrem Tanz, dem Bardo, das Niemandsland zwischen Leben und Tod darstellen und versuchen, die Seele in den Abgrund zu stampfen. Schließlich, Höhepunkt des Tsetschu-Festes, erscheint Yamantaka,

der Gott des Todes, eine scheußliche Maske mit Eberhauern im weit aufgerissenen Maul und gierigen Augen. Vor Yamantaka, der sich wirbelnd im Kreise dreht, liegt eine flache Platte und darauf eine Lehmfigur, bedeckt mit einem roten Tuch (rechts). Der Todestanz wird schneller und schneller. Jäh verstummen die Trompeten und Trommeln, und abrupt bleibt Yamantaka vor der Lehmfigur stehen. In der atemlosen Stille hebt er das Schwert hoch über sein Haupt und zerstört das Gebilde mit einem einzigen Hieb.

Nein, die Götter meinen es nicht gut mit uns: Ein riesiges Schneebrett versperrt den Weg – Schnee noch im Juni, zu Beginn des kurzen Himalaja-Sommers. Grellweiße Mauern aus Milliarden Schneekristallen, bis zu 14 Metern aufragend, flankieren den Sotschi-La, den Paß der Götter, und immer wieder verschütten nachrutschende Schneemassen die Straße.

Wir müssen eine mehrstündige Pause einlegen, 3531 Meter über dem Spiegel des fernen Indischen Ozeans – und unterdessen stelle ich mir vor, wie vor einem Menschenalter Sven Hedin hier oben mit seiner Karawane in ein Schneefeld gerät und von Lawinen erstickt zu werden droht; und wie der große Asien-Reisende die Nachtkühle abwartet, um beim Schein der Fackeln das Hindernis zu überwinden.

Sven Hedin und sein Troß brauchten für ihre abenteuerliche Reise aus Kaschmir ins Hochland von Tibet noch etliche Wochen; ich, auf seinen Spuren, nur einen Bruchteil dieser Zeit – und doch: Ein Abenteuer ist es noch immer. Denn jener nördlichste Zipfel Indiens ist erst vor wenigen Jahren unsanft aus seinem Dornröschenschlaf gerissen worden: Ladakh oder Tschota Tibet, Klein-Tibet, wie es die Inder nennen.

Unser Ziel ist das Hemis-Kloster. Ich will, nein, ich muß dorthin, denn was sich an jenem heiligen Ort in wenigen Tagen ereignen wird, sieht man nur einmal im Leben. Wir fahren durch ein ödes Land. Nur in der Nähe von Klöstern belebt sich die Wüste, nur hier legt die Mondlandschaft Farbe auf, denn ohne künstliche Bewässerung wächst hier kein Halm, das aus den Bergen kommende Wasser ist kostbar und wird nach einem bestimmten Schlüssel unter den Bauern verteilt.

Zu unserer Gruppe hat sich nun eine Nonne gesellt, erkennbar an der spitzen gelben Mütze; im Gegensatz zu den anderen Frauen hat sie den Schädel kahlgeschoren und trägt keinen Schmuck, obwohl sonst die Ladakhi ihre Geschmeide gern zeigen. Manche Frauen protzen schier mit ihrem Schmuck: silberne Halsketten; Armreifen und Fingerringe in allen Variationen; am Gürtel, auf Lederriemen aneinandergereiht, glückbringende Kaurischnecken.

Typisch für die Ladakh-Frauen ist der Perag, der flache Kopfschmuck aus Filz und Leder, besetzt mit Hunderten von Türkisen und dazwischen anderen Schmucksteinen, vor allem Bernstein und Korallen. Ein oder mehrere goldene oder silberne Amulettkästchen auf der Stirnseite sollen die Trägerin vor allem Bösen schützen; seitlich baumeln schwere Ketten herab, aus Silber oder Korallen, und der ganze Kopfschmuck ist mit einem silbernen Band im Haar befestigt.

Leh, die Hauptstadt, empfängt ihre Besucher mit kilometerlangen Gebetsmauern, deren weit hergebrachte Steine auf vielfältige Weise alle das eine sagen: »Om Mani Padme Hum«, was vereinfacht übersetzt etwa »O Kleinod im Lotus« heißt, denn sie glauben, Buddha wurde aus einem Lotus geboren. Ein Meer von Gebetsfahnen säumt den Weg. Die eng aneinandergebauten Häuser, die sich zu Füßen des Palastes ducken, erinnern mich an Lhasa mit seiner Palastburg. Auf dem Basar drängeln sich die Menschen aus Leh und seiner Umgebung. Hier hat Sven Hedin seine letzten Einkäufe getätigt vor dem Aufbruch ins Ungewisse.

Ich fahre nicht ins Ungewisse, und die Ereignisse der nächsten Tage werfen bereits ihre Schatten voraus, oder besser: Die Vorfreude auf das große Fest im Hemis-Kloster, in dessen Mittelpunkt der Knabe stehen wird, der im offenen Jeep kommt, ist überall in Leh zu spüren. Die Stadt hat sich für die Ankunft des neuen Rinpotsche festlich geschmückt, bunte Gebetsfahnen wehen überall und besonders über dem Hof und dem Dach des Stadttempels. Außer Gebeten sind auch Parolen aufgedruckt, zum Beispiel »Laßt Buddhas Lehre gedeihen!« Wohin man auch blickt, man sieht ein Farbenmeer.

Am Stadtausgang verkündet ein Schild: Dies ist die höchste Straße der Welt, hier kann man mit Gott ein Zwiegespräch führen. Sie führt uns am Indus entlang, und die vielen Pilger, die wir überholen, haben dasselbe Ziel wie wir: Hemis.

30 Kilometer hinter Leh biegen wir in ein Seitental ein. Hemis-Gompa liegt versteckt in den Bergen; zum Glück, denn dadurch ist das um die Jahrtausendwende gegründete Kloster samt seinen Schätzen den Plünderungen und Brandschatzungen entgangen. Wenige Minuten unterhalb eines großen Pappelhains ist die Straße zu Ende. Wir müssen wie die Pilger zu Fuß gehen. Nach kurzem, wenn auch durch die dünne Luft beschwerlichem Marsch erreichen wir das künstlich angepflanzte Pappelwäldchen, das von Menschen wimmelt, und sie alle fiebern der Stunde entgegen, in der ein gottähnliches Wesen in Gestalt jenes zwölfjährigen Knaben seinen Fuß in dieses Tal setzt.

Am nächsten Morgen verkünden die Tempelhörner den Beginn des Festes. Die meisten Pilger sind bereits vor Sonnen-

Es war keineswegs ein Zeichen von schlechter Erziehung, wenn mir dieser alte Tibeter beim Fotografieren die Zunge herausstreckte – im Gegenteil, diese Geste ist ein altes tibetisches Begrüßungszeremoniell und gilt als besonders höflich. – Die Frauen von Ladakh tragen ein Vermögen an bunten Schmucksteinen, Bernstein und Korallen an ihrem prächtigen Kopfschmuck aus Filz und Leder mit sich herum (rechts). Er zieht sich oft bis weit über den Rücken der Frauen herunter. Hier ist das mittlere Band mit lauter Türkisen besetzt. Unten: tibetischer Hund.

aufgang aufgestanden und zum Urkloster aufgestiegen, um ihre Opfergaben dort darzubringen. Als wir uns um fünf Uhr früh auf den Weg zum Gö-Tsang, zum Adlerhorst, machen, kommen uns schon große Gruppen entgegen. Endlich erreichen auch wir die Einsiedelei in der luftigen Höhe von 4100 Metern. Lange bevor Hemis-Gompa erbaut wurde, lebte hier oben in einer Höhle ein Eremit. An diesem heiligsten Platz von Hemis verrichten die Pilger ihre Gebete und kleben Geldscheine an die Felswand.

Ein wenig atemlos erreichen wir das Kloster, denn: Nun steht das außergewöhnliche Ereignis bevor, das nur einmal während eines Menschenlebens eintritt und den Höhepunkt des diesjährigen Tsetschu-Festes bildet. (Tsetschu heißt der Zehnte des Monats.) Pilger, Mönche, alle möglichen Leute aus dem Umland sind versammelt und warten auf den neuen Rinpotsche, die Wiedergeburt des alten Lama. Musikanten und Frauen mit Geschenken führen die Zeremonie an.

Und dann kommt er, das Oberhaupt, der Drugpa Rinpotsche, der zwölfjährige Knabe. Sechs Jahre nach dem Tod seines Vorgängers, der in den Wirren des tibetischen Aufstands verlorenging, hat man ihn, zweijährig, in den fernen Bergen von Darjeeling als Wiedergeburt entdeckt. Und keinerlei Zweifel daran ist möglich, daß er der Wahre ist, der Alleinige: Das Orakel wurde befragt, das Orakel hat geantwortet, und das Orakel irrt sich nie. So wird er in der großen Versammlungshalle unter Ausschluß der Öffentlichkeit vom Abt und den Mönchen in sein hohes Amt als Drugpa Rinpotsche eingeführt.

Am Nachmittag rufen die Trompeten zum großen Mysterienspiel. Der junge Edle betritt den Klosterhof, nimmt Platz auf Brokatkissen und gibt das Zeichen für den Beginn der Feierlichkeiten. Angeführt von zwei Mönchen mit großen Weihrauchkesseln und den Musikern, betreten Tänzer und Spieler den Hof. Jede Maske, jede Gruppe hat ihre besondere Bedeutung. Hier sieht man Dämonenkönige, erkennbar am dritten Auge auf der Stirn, dem Auge der Vorsehung, oder die unglücklichen Seelen jener Toten, die im All verlorengegangen sind und nun einen Weg aus der Dunkelheit suchen; dort tummeln sich lokale Schutzgeister und hehre Krieger.

»Dschule, dschule«, rufen uns am nächsten Tag unsere neugewonnenen Freunde fröhlich zu, und wir antworten mit belegter Stimme: »Dschule!« Das kann guten Tag heißen, aber auch – auf Wiedersehen!

Die Garhwali

Zauber des »Tals der Blumen« im Himalaja

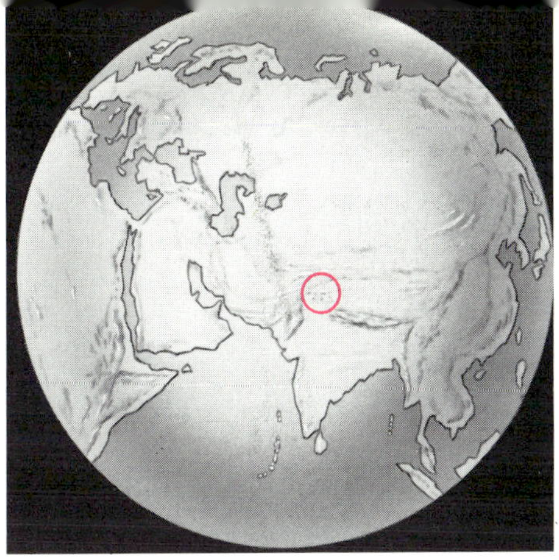

Dies also ist der Ort, zu dem wir so weit gereist waren, das Bhyundartal oder »Tal der Blumen« in der Himalaja-Landschaft Garhwal, wo die Garhwali leben, anspruchslose Menschen in einer Gegend von großer Schönheit. Die Wolkendecke reißt auf und läßt einige Sonnenstrahlen durchscheinen. Sie taucht dieses herrliche Stück Erde inmitten der Berggiganten des Himalaja in diffuses Licht. Wir sind am Ziel.

162 *In der Höhe der Schneegrenze liegt die »Pforte« zum Tal der Blumen. Zwei gewaltige Felsmassive bilden den Eingang zu*

diesem paradiesischen Tal, dessentwegen wir so weit gereist waren. Die eine Felswand fällt etwa 1000 Meter senkrecht ab.

Die letzte Etappe unseres Aufstieges führte durch Nadelwald mit herrlichen Taxusbäumen. Eine Ansammlung primitiver

Hütten, der Ort Gangaria, wurde zu unserem Hauptlager. Die meisten schliefen in Zelten.

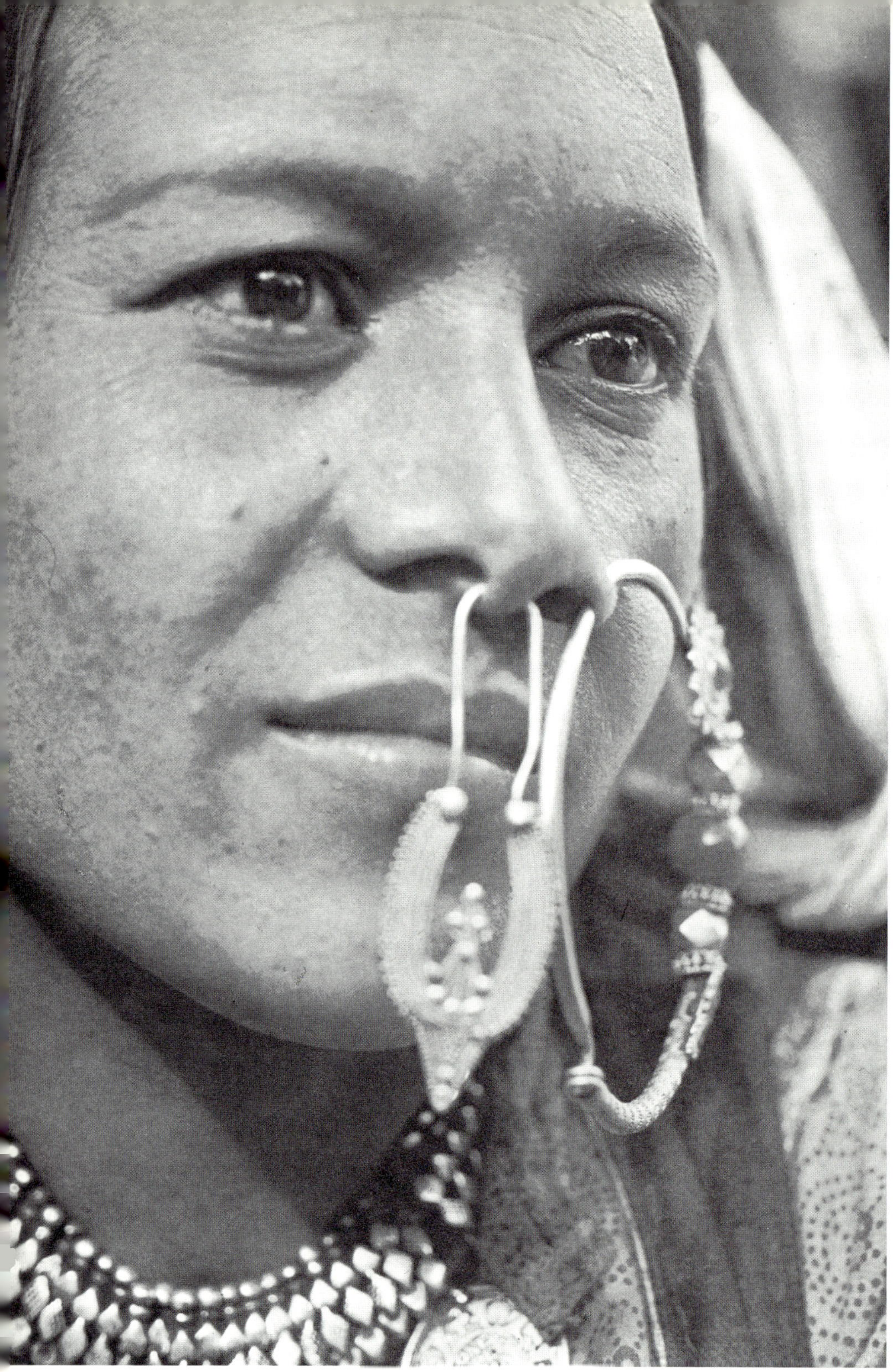

Garhwal-Frauen im Schmuck von Nasenringen

Mit bestimmten Ornamenten und Emblemen verzierte Nasenringe dienen den Garhwal-Frauen im Tal der Blumen als besonderer Schmuck. Den Hals ziert eine mehrgliedrige Kette (oben). Auf den beschwerlichen Pfaden zu unserem Expeditionsziel kann jede Last nur durch Menschenkraft transportiert werden. Manchmal überholten uns Träger, die wohlhabende oder körperbehinderte Pilger nach oben schleppten. Sie bedienten sich dazu eines geflochtenen Tragsessels, den sie sich als eine Art Ein-Mann-Sänfte auf den Rücken

schnallten (Bild oben). Bis hinauf zur Schneegrenze durchziehen Hirten mit ihren Schafherden (links) die Berge des Himalaja. Ihre Tiere weiden sogar noch das Gras der Steilhänge ab. Wenn die Herden einen Ort abgegrast haben, ziehen sie über die schneebedeckten Pässe in das nächste Gebiet. Aus diesem Grund sind die Hirten gezwungen, in primitivsten Behausungen zu leben. Dazu kommen noch die harten klimatischen Bedingungen, so der ständige Wetterwechsel. Rechts: Garhwali beim Mahlen der täglichen Getreideration.

Ganze Rasen bildet der berühmte blaue Mohn in diesem riesigen natürlichen Steingarten im Tal der Blumen (oben). Dichtbewachsene Farnhänge ziehen sich fast bis zum Talboden hinunter (links). Für europäische Verhältnisse erscheint es unglaublich, aber als ich mich in eines dieser Blumenfelder hineinstellte, erwies sich, daß manche Blumenarten übermannshoch waren (rechts). Mit Worten läßt sich die üppige und so unendlich vielgestaltige Flora dieses Tales kaum beschreiben. Man muß sie gesehen haben (ganz rechts).

Das Tal der Blumen erwies sich für den Botaniker als eine schier unerschöpfliche Fundgrube. Von morgens bis abends wurden die schönsten Exemplare gesammelt und gepreßt. In vielen Fällen konnten auch Wurzelballen ausgegraben oder Samen eingesammelt werden. Zwar sind die Blumenfamilien, zu denen die Gewächse im Tal der Blumen gehören, jedem Fachmann bekannt. Aber die hier vorkommenden Arten weichen doch stark von den in europäischen Gebirgen anzutreffenden ab – ein Grund für genaues Arbeiten.

Unterwegs zur Sikh-Eremitage Hemkund

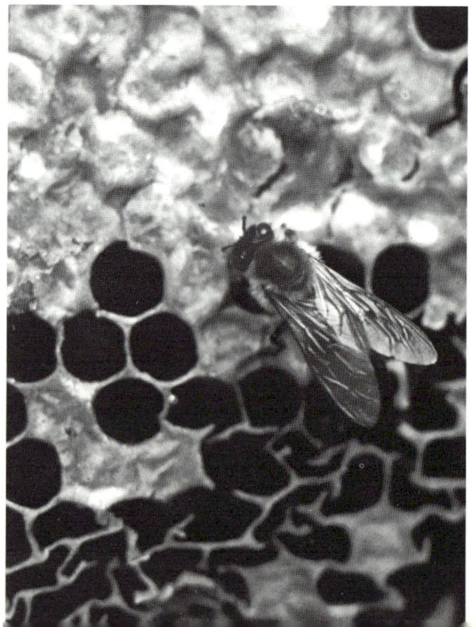

Ein Sikh mit seinem an den Kopf geschnallten Schwert (oben) führte uns zu einer Gruppe von Männern, die barfuß durch eine steile Wand kletterten, um den Honig wilder Bienen zu ernten (rechts). Mit langen Stangen versuchten sie die Waben abzuschlagen. Durch das Stochern wurden die Waben verletzt, und man sah den Honig herausfließen. Schließlich hatten ihre Bemühungen Erfolg. Die Wabe plumpste auf eine vorbereitete Plane. Honig und Wabe wurden dann – ohne sie zu trennen – an Ort und Stelle mit großem Genuß verspeist.

Hier ist es jetzt Mitte August. Die große Regenzeit geht ihrem Ende entgegen. Alle Felder sind leuchtend grün und die Sonne scheint. Aber von einer Minute zur andern kann sich das Wetter ändern. Urplötzlich verfinstert sich dann die Sonne, und das Wasser stürzt wie aus Kübeln gegossen vom Himmel. In einer Viertelstunde kann so viel Regen fallen wie bei uns in einem ganzen Monat. Ist der Monsun, die Regenzeit, vorbei, wird die gleiche Gegend von Trockenheit und Dürre heimgesucht – eine Landschaft der Extreme.

Wir fahren mit einem Bus durch das Himalaja-Vorgebirge in Richtung Ganges. Dann geht es flußaufwärts, vorbei an Rishikesh und Devaprayag bis Govindghat. Von hier aus soll der lange Fußmarsch durch das Bhyundartal beginnen. Wir wollen uns das berühmte Tal der Blumen ansehen und der Sikh-Eremitage Hemkund einen Besuch abstatten.

Über unzählige Serpentinen erreichen wir den Endpunkt unserer Busfahrt, Govindghat. Ein Schild weist darauf hin, daß man von hier aus das Tal der Blumen und den heiligen See Hemkund erreicht.

Für den nächsten Morgen hatten unsere indischen Begleiter eine große Trägermannschaft und einige Packpferde organisiert. Jede Last wird mit einer Federwaage abgewogen, denn bezahlt wird nach Gewicht. Es gibt Männer, die bis zu 80 Kilogramm tragen. Der Sirdar, der Trägerführer, notiert genau, welcher Träger was und wieviel transportiert. Um viel Geld zu verdienen, beladen sie sich bis zur äußersten Grenze ihrer körperlichen Kräfte.

Acht Stunden Fußmarsch lagen nun vor uns, wobei 900 Meter Höhenunterschied zu bewältigen waren. Wir marschierten nicht als einzige auf diesem steilen Pfad. Mehrmals überholten uns Träger, die statt Expeditionsausrüstungen Menschen nach oben schleppten – wohlhabende oder auch körperbehinderte Pilger auf dem Weg zum heiligen See Hemkund. Andere kamen uns mit Pferden und Mauleseln entgegen.

Die letzte Etappe unseres Aufstieges führte durch einen herrlichen Nadelwald mit gewaltigen Taxusbäumen. Eine Ansammlung primitiver Hütten, die Ortschaft Gangaria, wurde zu unserem Hauptlager. Die meisten zogen es vor, in Zelten zu schlafen. Als diese gleich in der ersten Nacht durch einen heftigen Regenguß voll Wasser liefen, waren wir froh, noch in einer der häßlichen Baracken Unterkunft zu finden – in 3100 Meter Höhe.

Viehfüttern und Feldarbeit sind Sache der Frauen

Das heilige Buch der Sikh ist der Granth (rechts). In ihm sind die wichtigsten Aussagen der zehn Gurus der Sikh zusammengefaßt. Während des Gottesdienstes ist ein Mann nur damit beschäftigt, mit einem Wedel aus Yakhaaren alles Unreine sorgsam von dem heiligen Buch fernzuhalten.

Während die Männer als Hirten oder Träger unterwegs sind, verrichten die Frauen die Feldarbeit und versorgen das Vieh. Hier zwei Garhwalifrauen mit dem für sie typischen Nasen- und Halsschmuck und der landesüblichen Kopfbedeckung (links). Jeder Sikh, der nach Hemkund pilgert, übergibt dem Verwalter des Klosters irgendeine Opfergabe (oben). Sie kann aus Naturalien bestehen oder aber als Geldspende überreicht werden. Das Kloster verwendet den größten Teil der auf diese Weise eingehenden Mittel für den Ausbau der geräumigen Klosteranlage.

Der Wald, den wir am nächsten Tag durchschritten, unterschied sich sehr von den bisherigen Wäldern. Keine Insekten mehr, es war völlig still hier, der Boden war naß, und von den Bäumen hingen lange Bartflechten – ein Märchenwald wie im Theater.

Als der Wald zu Ende ging, standen wir vor einem »Tor«: Zwei gewaltige Felswände, wovon die östliche wohl an die 1000 Meter senkrecht abfiel, bildeten den Eingang zu jener Region, für die wir so weit gereist waren, für das Tal der Blumen. Die Wolkendecke war inzwischen aufgerissen, die Sonne kam zeitweise durch. Vor uns tat sich ein weites, kilometerlanges Tal auf. Riesige Matten von Farnkräutern, Teppiche aus Millionen der verschiedensten Alpenblumen polsterten Hänge und Talboden. Manche der Blumen waren, wie sich beim Näherkommen herausstellte, mannshoch. Schon nach kurzer Zeit waren Schuhe und Kleidung völlig durchnäßt.

Das Tal war wie ein einziger großer Steingarten, ein von der Natur geschaffenes Alpinum. Die uns begleitenden Botaniker waren in ihrem Element. Denn für den Experten sind die Alpenblumen des Himalaja völlig neue Arten, wenn sie auch zu Familien gehören, die wir in Europa kennen. Von morgens bis abends waren sie damit beschäftigt, Pflanzen zu sammeln. Von jeder Art wurden mehrere Exemplare in einem Herbarium gepreßt. Arten, die ihnen neu erschienen, wurden mit Wurzelballen ausgegraben, in Tüten verpackt und katalogisiert. In vielen Fällen konnten sie Samen mitnehmen.

Inzwischen hatten wir uns akklimatisiert und konnten größere Touren unternehmen. Unser nächstes Ziel waren Hirten, die sich in der Höhe des großen Passes an der Schneegrenze befinden sollten. Um fünf Uhr morgens brachen wir auf und erreichten den weiten Talboden. Wieder ging es durch regendurchtränkte, hohe Blumen, dann über Almböden, bis wir in etwa 4000 Meter Höhe die letzten Birken erreichten.

Dann sahen wir die große Herde vor uns. Die Hirten begrüßten uns freundlich und luden uns zum Teetrinken in ihr Zelt ein. Zelt ist eigentlich zuviel gesagt, denn es war nur eine Plane über einem Erdloch. Vorne war es sogar nur mit Birkenrinde abgedeckt.

Der Teil des Himalaja, in dem wir uns jetzt befanden, heißt Garhwal, und seine Bewohner werden Garhwali genannt. In ihren Gesichtern waren deutlich semitische Züge zu erkennen. Sie zeigten uns die wenigen Gegenstände, die sie zum Leben brauchen. Dazu gehört ein gebogenes Messer, das nicht nur zum Schneiden, sondern auch als Axt benutzt werden kann. Seile und Schnüre werden aus Ziegenhaaren gesponnen und gedreht. Für das Kämmen der Schafwolle stehen zwei Drahtbürsten zur Verfügung.

Im vorderen Teil des Zeltes ist die Feuerstelle. Zu den Küchengeräten gehören einige Messingtöpfe, Schälchen und eine Schöpfkelle. Einziger »Luxusgegenstand« war eine alte Wasserpfeife. Ihr Kopf war aus Ton geformt. Damit der Tabak brannte, wurde oben darauf eine Schicht glühende Holzkohlen gepackt. Der untere Teil der Pfeife war aus Metall und enthielt Wasser, durch das der Rauch gesogen wurde.

Zu den vielfältigen Arbeiten der Hirten gehört vor allem das Trocknen der Wolle, denn durch den ständigen Wechsel zwischen Regen und Sonnenschein muß die Wolle immer wieder ein- und ausgepackt werden. In den nächsten Tagen wollten die Hirten weiterziehen, dem Tal der Blumen entgegen. Tag für Tag weiden sie tiefer hinunter, und bald wird es mit der Pracht im Tal der Blumen zu Ende sein.

Mittlerweile war das Wetter noch schlechter geworden. Wir stiegen streckenweise in dichtem Nebel auf. Unser Ziel war das Sikh-Kloster Hemkund. 1061 Stufen mußten wir erklimmen, um es zu erreichen.

Der Sikhismus wurde vor etwa 500 Jahren von Guru Nanak als Protest gegen den Hinduismus gegründet. Er ist eine Mischung aus Islam und Hindu-Religion, angereichert mit neueren Erkenntnissen der verschiedenen Gurus.

Für die Pilger beginnt das Ritual mit einem Bad im »Goldenen See«, dessen Wasser eiskalt ist, denn es kommt vom Gletscher. Nach dem Bad beten die Pilger vor dem Tempel. Jeder übergibt dem Verwalter eine Spende und erhält dafür einen süß schmeckenden, gesegneten Teig. Der größte Teil der auf diese Weise eingegangenen Gelder findet Verwendung beim Neubau einer großen Tempelanlage hier oben in 4000 Meter Höhe. Gebaut wird mit der Hand, ohne Maschinen, und alles Material muß auf Menschenrücken über 2000 Meter Höhenunterschied heraufgetragen werden.

Die tiefe Gläubigkeit der Sikh ist imponierend, und sicherlich ist das die Ursache ihrer Vitalität, so erfolgreich an den Geschicken ihres Landes auf allen Gebieten teilzuhaben. Es gibt viele Wege, den inneren Frieden zu erreichen. Ich hatte ihn im Tal der Blumen gefunden.

Die Singhalesen

Vom Leben auf der »Juweleninsel« Ceylon

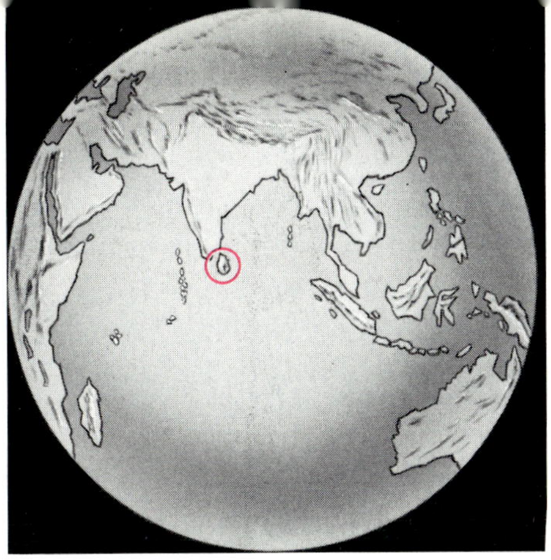

Ceylon, die Trauminsel der Tropen, das »königliche, leuchtende Land« Sri Lanka, ist für Mohammedaner und Christen die Heimat von Adam und Eva, für Hindu das Land des Gottes Rama, für Buddhisten das Land, wo Buddha sein Gesetz und seine Fußstapfen hinterlassen hat – eine Welt voller Wunder, bevölkert vor allem von Singhalesen mit einem komplizierten Kastensystem, das noch heute seine Bedeutung hat.

Das Land des Tees, der Strände, der Reisplantagen

Im Hochland von Ceylon wächst der beste Tee der Welt (ganz links). Die Büsche der Camellia sinensis werden in dichten Reihen und bis in große Höhen angepflanzt. Die Hauptstadt des Hochlandes, Nuwara Eliya, liegt 1800 Meter hoch. – Wo sonst auf der Welt gibt es noch einen Strand wie in Ceylon: Eine leichte Brise streicht vom Meer herein, lau und einschläfernd. Die Wipfel der Palmen rascheln leise. Es riecht nach Blumen, nach Erde und nach dem herben Ozon der See (links). – Bild oben: Junger Reis über schimmernder Wasserfläche. Schon vor vielen Jahrhunderten haben singhalesische Könige Stauseen und Bewässerungssysteme anlegen lassen; sie haben Dämme gebaut und Flüsse gebändigt. »Die Erde ist so fruchtbar hier, daß man sie nur mit einer Hacke zu kitzeln braucht, um eine Ernte zu bekommen«, heißt es.

Die Durava, die Palmsaftzapfer, turnen behende an den Bäumen hoch (oben). Den hervorquellenden Saft fangen sie mit Bechern auf – aus ihm wird Arrak und Palmwein gemacht. Oben rechts: Jeder ceylonesische Fischer hat nur ein Fahrzeug. Wenn es zum Trocknen in die Sonne gestellt werden muß, geht er zur Lagune, um von Holzgestellen aus mit der Rute zu angeln. Rechts: »Two leaves and a bud!« Zwei Blättchen und ein spitzer, noch nicht aufgerollter Trieb, das ist das Geheimnis der Teepflückerinnen – alles andere gilt als wertloses, unbrauchbares Blattwerk.

Anfang August, wenn der Vollmond am Himmel steht, erreicht die Pilgersaison ihren Höhepunkt: Die Bürger von Kandy feiern die Esala-Perahera, die größte Prozession des Landes. Die heilige Reliquie, ein Zahn Buddhas, wird auf dem Rücken eines Elefanten durch die Straßen getragen. Ist der Umzug vorüber, erfreuen Tänzer das Volk. Kastagnetten und Flöten erklingen, tausend Trommeln schlagen den Takt. Das Volk lacht, tanzt und schwatzt, und im Morgengrauen schläft es den Schlaf der Erschöpften.

Seit Jahrhunderten geht das Leben in Ceylon seinen stets gleichen Gang. Pflügen, säen und ernten – das ist der Rhythmus. Auch die Riten und Zeremonien sind seit Urväterzeiten die gleichen. Die Feldbestellung beginnt an einem Tag, der vom Astrologen errechnet wurde. Vor der Ernte unterziehen sich die Bauern einer rituellen Reinigung. Sie essen *kiri-bat,* einen glückbringenden Milchreis, und bringen ein Schälchen davon zum Bo-Baum, der vor dem Tempel steht und die Dorfbewohner daran erinnert, daß Buddha unter einem Bo-Baum erleuchtet wurde.

Ceylon, die Trauminsel der Tropen, ist schon viel besungen worden. Ovid und Milton priesen das Eiland als das verlorene Paradies. Für die Araber war Ceylon »Serendib«, die »entzückende Insel«. Die Tamilen nannten es »Ilanare«, die »Juweleninsel«, und die Chinesen rühmten »Pa-Outchow«, die »Insel der Edelsteine«. Die indischen Buddhisten schwärmen von der »Perle auf dem Antlitz Indiens«, und die Portugiesen nannten ihre Kolonie »Zeilan«, woraus später »Ceylon« wurde. Die Einheimischen, die Singhalesen, nennen ihre Insel dagegen liebevoll »Sri Lanka«, das »königliche, leuchtende Land«.

Die Geschichte der Insel ist lang und ruhmreich. In der »Mahavamsa«, der großen Chronik der singhalesischen Könige, ist nachzulesen, daß der Sohn des Königs Sinha aus Bengalen, Prinz Vijaya, im Jahre 543 v.Chr. bei Puttalam landete und mit seinen 700 Gefolgsleuten die Dynastie der Singhalesen (»Löwen«) begründete. Die »Mahavamsa« ist mehr als nur ein Geschichtswerk. Sie ist das Heldenepos der Singhalesen, das Fundament ihres Nationalstolzes. »Mahavamsa« heißt ja auch wörtlich übersetzt nichts anderes als »Große Dynastie«. Sie endete mit dem Tod des Königs Mahasena im Jahre 352 n.Chr. Alle späteren Geschlechter wurden in der »Culavamsa«, der »Kleineren Dynastie«, erfaßt. Dieses Geschichtswerk reicht bis zum Jahre 1815, als der letzte Kandy-König, Sri Wickrama Rajasinha, von den Engländern abgesetzt wurde.

Sri Lanka oder Ceylon hat die Größe Bayerns und eine Bevölkerung von rund 13 Millionen. Zwei Drittel davon sind Singhalesen. Die Tamilen, Einwanderer aus Südindien, stellen ein Viertel der Bevölkerung. Man unterscheidet zwischen ceylonesischen und indischen Tamilen. Die ersten kamen schon vor Jahrhunderten ins Land; sie verdrängten die singhalesischen Könige aus ihrer angestammten

Die Szenerie ist immer wieder faszinierend: Segelboote, Palmen, silberglänzende Wellen und darüber ein Himmel ohnegleichen – nur in Ceylon kann er so heiter sein (links). Der Liebreiz der singhalesischen Rasse spiegelt sich in jedem Antlitz (unten). Man rechnet sich den Ariern zu, ist aber stolz darauf, auch Wedda-Blut in den Adern zu haben. Die Wedda, steinzeitliche Jäger mit Pfeil und Bogen, sind die Ureinwohner des Landes. Sie führen ihren Stammbaum auf Prinz Vijaya und Prinzessin Kuvanna zurück, ein sagenhaftes Herrscherpaar der Frühzeit.

Sigiriya, der Löwenfelsen, liegt wie ein roter Würfel in der Landschaft. Kasyapa, ein singhalesischer König, ließ auf dem Plateau einen prunkvollen Palast errichten. Kasyapas Regentschaft währte nicht lange (von 478 bis 496), aber das königliche Lotterleben hinterließ attraktive Spuren: Erinnerungen an Badehäuser und Kemenaten, an Lustschlößchen und Lebedamen. Letztere haben sich besonders gut gehalten – in herrlichen Farben gemalt (Bild links).

Residenz im Norden des Landes und gründeten ein eigenes Königreich. Heute gelten sie als Bürger Ceylons und haben Heimatrecht auf der Insel.

Die indischen Tamilen wurden von den englischen Plantagenbesitzern ins Land geholt. Sie werden noch immer als Fremde angesehen und sind Anlaß zu sozialen Spannungen.

Die Moors (Mauren, Araber), die Burghers (Nachkommen der holländischen Siedler) und einige tausend Europäer stellen den Rest der Bevölkerung. Von den Wedda, den Ureinwohnern des Landes, gibt es nur noch einige hundert. Sie sterben langsam aus.

Die Gliederung der Bevölkerung nach Rassen ist allgemein anerkannt und in jeder Einwohnerstatistik zu finden. Anders die Gliederung nach Kasten. Zwar spielt diese Differenzierung auch heute noch eine große Rolle, aber moderne Ceylonesen haben es nicht gern, wenn sie darauf angesprochen werden. Kasten sind Überbleibsel des Mittelalters, sie passen nicht in unser Jahrhundert, man schweigt sie gerne tot. Doch erst in diesen Tagen gestand es die »Times of Ceylon« wieder einmal ein: »Es ist eine pure Erfindung«, so schrieb sie, »daß das Kastendenken im öffentlichen Leben keine Rolle mehr spielt. Nichts könnte der Wahrheit ferner sein.«

Am wenigsten ausgeprägt sind die Kastenunterschiede in Colombo. Weder die Kleidung noch der Beruf, weder die Wohnung noch die Schule geben hier Anhaltspunkte in bezug auf die Kaste. Der Städter ist emanzipiert. In Colombo gibt es nur zwei erkennbare Differenzierungen: Leute, die Englisch sprechen, Schuhe und Hosen tragen und eine gewisse Bildung haben. Sie gehören den oberen Zehntausend an. Und Leute, die barfuß gehen, Eingeborenendialekt sprechen und statt Hosen einen Sarong tragen. Sie sind Volk, *common people.* Mit einer Kastengliederung im eigentlichen Sinn hat diese Unterscheidung natürlich nichts zu tun.

Im Ceylon des Altertums gab es zwei große Kasten: die *kulina*, den Bauernadel, und die *hina*, die Gewerbetreibenden, die sich in viele Berufe gliederten. Nur die Arbeit auf eigenem Grund und Boden (und sei der Acker noch so klein) war aristokratisch und einem *govi-vamsa* (pali) oder *goyigama* (singhalesisch), das heißt einem Reisbauern, angemessen. Die *hina*-Gruppen standen allesamt im Dienst der Aristokratie. Eine Sonderstellung nahmen (und nehmen noch) die *karava*, die Fischer, ein.

Die Kastengliederung im Ceylon unserer Tage zeigt viele Verfallserscheinungen. Im Vergleich zur rigorosen indischen Kastentrennung nimmt sie sich mild und humanitär aus. Niemand ist gleich verunreinigt, wenn er mit einem weniger blaublütigen Landsmann in Berührung kommt. Es gibt keine Priesterkaste, und es gibt keine Parias (Unberührbare). Die einzigen *outcasts*, die Rodiyas, werden nicht aus religiösen, sondern aus sehr säkularen Gründen auf Distanz gehalten.

Die Wirtschaft des Landes gibt zu Besorgnis Anlaß. Das war nicht immer so. Früher mußte viel weniger importiert werden als heute. Die Kultivierung des Bodens wurde einst mit großem Eifer betrieben. Man erwarb sich damit religiösen Verdienst. Heute nehmen die Bauern das Leben, wie es sich bietet. Der Ehrgeiz, einen höheren Lebensstandard zu erreichen, geht ihnen ab. Und die Üppigkeit der Natur vermittelt leicht ein falsches Bild. Zwar wachsen die Früchte in den Mund, aber es fehlt an Milch, Eiern und Butter. Und mit dem Fleisch weiß man nicht immer etwas anzufangen: Die Hindus essen kein Rindfleisch, die Moslems kein Schweinefleisch, und die Buddhisten rühren weder das eine noch das andere an.

Man lebt von Reis, Curry und Fisch. Der Reis wird zu einem guten Teil aus China importiert, und selbst der Fisch ist, so unglaublich das auch klingen mag, auf Ceylon Mangelware. Es gibt zwar zahllose Seen, doch deren Reichtum wird nicht genützt. Und warum nicht? Weil die Leute, die der Fischerkaste angehören, an der Küste wohnen und die blaublütigen Goyigamas, die Bauern, natürlich weder eine Angel noch eine Reuse anfassen. Ihr Kastenkodex erlaubt es nicht.

Im Jahre 247 v. Chr. war der Singhalesenkönig Tissa von einem Sohn des indischen Kaisers Ashoka zum Buddhismus bekehrt worden. Seitdem ist Ceylon eine Hochburg des sogenannten »Kleinen Fahrzeugs«, des Theravada-Buddhismus. Das Dhamma, die Lehre Buddhas, bestimmt das Leben der Menschen. Sie ist der Hitze und der Üppigkeit dieses tropischen Paradieses angemessen, und nirgendwo auf der Welt kann sie so gut studiert werden wie hier.

Wer die Dhamma in reiner, unverfälschter Form kennenlernen will, der reise nach Ceylon. Dort scherzen die Mütter mit ihren Kindern: »Wenn du zur Welt kommst, weinst du, und alle lächeln. Lebe so, daß alle um dich weinen, wenn du die Welt wieder verläßt und das Lächeln dein ist.«

Die Andamaner

Bei den Zwergvölkern im Golf von Bengalen

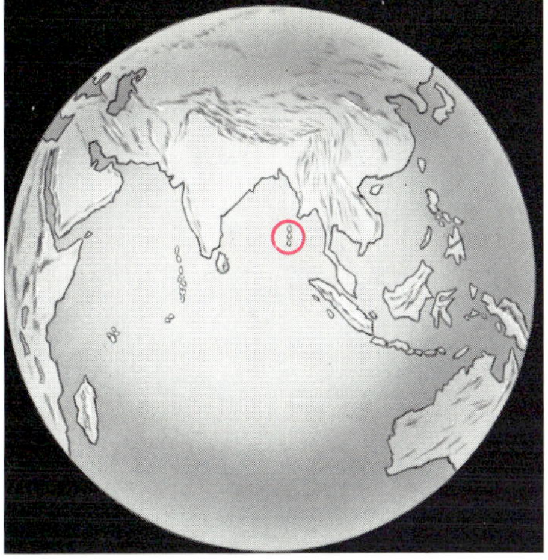

Fast nackte, kleinwüchsige Menschen in einer paradiesischen Landschaft: Ich fand sie auf einer der zu Indien gehörenden Andamanen-Inseln. Diese hier gehören zu den Onge auf Klein-Andaman. Vor achtzig Jahren gab es fast 700 von ihnen. Heute sind es noch etwa 120. Die Begegnung mit der weißen Zivilisation ist ihnen schlecht bekommen. Bei den Jarawa auf Süd-Andaman waren wir die ersten weißen Besucher.

188 *Weißer Strand vor der Kulisse des Urwaldes. Wir nähern uns Süd-Andaman mit einem Boot und sind sicher, gut empfan-*

gen zu werden. Auf einer Nachbarinsel waren indische Besucher kurz zuvor mit Pfeilschüssen begrüßt worden.

Geschenke am Mast sollen versöhnlich stimmen

Geschenke werden an den Mast gebunden (oben) – zum Zeichen dafür, daß wir in friedlicher Absicht kommen. Zwar gehören die Jarawa zu den als friedfertig bekannten Negrito-Stämmen auf den Andamanen. Hellhäutige Menschen sind für sie nichts Neues. Aber wir werden die ersten Europäer sein, die sie zu sehen bekommen – und wir sind auf ihre Mitarbeit angewiesen.

Einige wagemutige Jarawa schwimmen uns entgegen (oben) und sehen sich neugierig auf unserem Boot um (links). Es gilt aufzupassen. Manche Andamaner interessieren sich für alles, was aus Metall ist. Daraus kann man Pfeilspitzen oder Messer anfertigen! Geschenke lenken sie von Aneignungsgedanken ab. Sie schwärmen besonders für Werkzeuge aller Art, aber beispielsweise auch für bunte Regenschirme, Symbole des Fortschritts. Der Jarawa (rechts) ist mit einem Stirnband und einer Halskette geschmückt.

Ein Schamschurz aus Bast ist die ganze Bekleidung der Onge-Mädchen. Tätowierungen gibt es bei ihnen nicht, wohl aber

zu besonderen Gelegenheiten Bemalungen des Körpers. Die nächste Doppelseite zeigt ein gutes Beispiel.

Einst benutzten die Onge fast ausschließlich die Schalen von Nautilus-Muscheln als Trinkgefäße. Die sanft geschwungenen Gehäuse haben Durchmesser von etwa 25 Zentimeter, ihre Form paßt sich der Hand sehr gut an. Diese Onge führte mir das Trinken »auf alte Weise« vor, nachdem ich ihr beim Bau eines neuen Hauses zugesehen hatte. Es gab einst noch zwei andere Trinkweisen: auf dem Boden liegend und aus einer Lache schlürfend, und aus einem gefalteten Blatt trinkend, mit dem man ausgezeichnet Wasser schöpfen kann. Mittlerweile gibt es allerdings auch bei den Onge schon Plastikbecher und Emailschüsseln.

Bei den Onge sind die Frauen gleichberechtigt

Onge-Frauen sind emanzipierte Wesen, sie haben die gleiche Entscheidungsbefugnis wie die Männer und gehören auch dem Ältestenrat des Dorfes an. So ist es nur logisch, daß die Männer hier und da auch Mütterpflichten übernehmen und sich um die Kinder kümmern (oben). Männer wie Frauen tragen die kleinen Kinder in einer Schlinge.

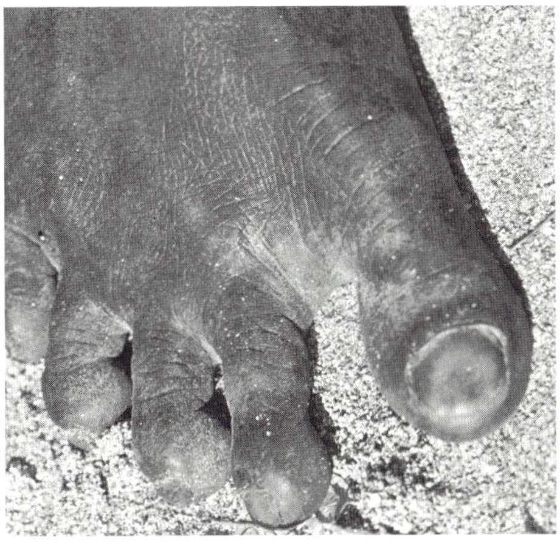

Der Hausbau ist schnell erledigt. Ein schlichtes Bambusgestell wird mit Palmblättern überdacht (Mitte, ganz links). Häuser werden im allgemeinen nur für eine bestimmte Zeit bewohnt. Dann zieht die Gruppe weiter und sucht sich einen neuen Siedlungsplatz. Bauten »für die Ewigkeit« sind deshalb überflüssig. Die Onge haben Greifzehen (links), mit denen sie auch größere Äste umspannen und in den Baumkronen laufen können wie die Affen: vollendete Anpassung an die Natur, aber heute fast überflüssig.

Der vorgewölbte Steiß gilt als Schönheitsideal

Ein weit vorgewölbter Steiß gilt bei den Onge als Schönheitsideal (oben links). Den Frauen gibt er Probleme auf. Sie können sich dank der damit verbundenen Verformung der Wirbelsäule nur schlecht bücken. Die Greifzehen helfen ihnen meistens aus der Verlegenheit, wenn etwas aufgehoben werden muß. Frauen tragen die Kinder in einem über die Stirn geführten Trageband. Es schneidet tief in den Körper des Kindes ein (links). Mag sein, daß dadurch die Bildung des »Onge-Steißes« beim Kleinkind noch gefördert wird.

Die Kinder stehen im Mittelpunkt der Onge-Gesellschaft. Kommt ein Neugeborenes zur Welt, werden Vater und Mutter nach dem Baby benannt. Die Eltern des Kindes Jeru heißen dann beispielsweise Vater Jeru und Mutter Jeru. Die Kleinen wachsen unbefangen auf, sozusagen antiautoritär. Ihr Kindergarten ist die Natur. Sie tauchen am Strand und veranstalten nach dem Vorbild der Erwachsenen Scheinbegräbnisse, gründen »Familien« und schaukeln an Lianen durch den Dschungel. Die Eltern gelten nicht als unfehlbar.

Für die Steinzeitmenschen auf Klein-Andaman ist die Theorie der freiheitlichen Kindererziehung nicht etwa eine neuere Errungenschaft – man hat den Eindruck, als habe es hier noch nie eine andere Methode gegeben. Die Onge-Kinder dürfen tun, was sie wollen: mit der Harpune fischen oder Pfeile abschießen, essen, wenn sie hungrig sind, und schlafen, wenn sie müde sind. Und natürlich sind sie auch dabei, wenn die Onge Kinder zeugen oder in den Hütten miteinander ruhen: freie Menschen, die ohne Zwang aufwachsen.

Die Andamanen-Inseln, 204 an der Zahl, zwischen Indien und Birma gelegen, existierten bis etwa 1858 in paradiesischer Unberührtheit am Rande der Geschichte. Niemand kümmerte sich um sie und ihre Ureinwohner, die zu den Negritos gerechneten kleinwüchsigen und dunkelhäutigen Andamaner, die man heute in vier Gruppen unterteilt: Groß-Andamaner, Onge, Jarawa und Sentinelesen.

Wir wollten einige dieser Stämme besuchen, hatten aber große Schwierigkeiten, die Genehmigung der indischen Regierung zu bekommen. Denn die Andamanen sind heute indisches Territorium. Engländer legten hier zunächst eine Strafkolonie an. »Strafexpeditionen« dezimierten die Eingeborenen, mehr noch von den Eroberern eingeschleppte Krankheiten, wie Syphilis, Malaria und Grippe. Die Andamaner wurden immer weiter zurückgedrängt – in den letzten Jahren durch Siedler vom indischen Kontinent. Heute mag es insgesamt noch 540 Ureinwohner geben. Ihnen stehen etwa 115000 Neusiedler entgegen. Ihre Kulturen sind teils dem Untergang geweiht, teils (wie bei den Sentinelesen) noch nicht von der Zivilisation »beglückt«. Es gibt aber auch Zwischenstadien, etwa bei den Onge, die von der Steinzeit inzwischen genauso weit entfernt sind wie von der modernen Zivilisation, sich aber noch vieles an alten Traditionen bewahren konnten.

Die Möglichkeit, die Andamanen trotz der indischen Bedenken dennoch zu besuchen, verdanke ich Ex-König Leopold III. von Belgien. Eine von ihm gegründete Stiftung hat es sich zum Ziel gesetzt, die Verhältnisse bestimmter Völkerstämme zu erforschen. So erhielten wir als erste Nicht-Inder die Genehmigung zum Besuch der Andamanen.

Der indische Chief Commissioner, was am besten mit »Gouverneur« zu übersetzen ist, hatte unseren Besuch auf Klein-Andaman vorbereitet. Vor allem hatte er dafür gesorgt, daß für uns einige Hütten gebaut wurden. Wir waren für einen längeren Aufenthalt auf eigene Schlafstätten angewiesen. 200 Meter weiter lag das erste Onge-Lager, das aus ebensolchen Hütten bestand.

Einst waren die Onge Wildbeuter. Die Männer gingen auf die Jagd, die Frauen sammelten Knollen und Früchte, aber auch die bei den Onge besonders beliebten Schnecken, Raupen und Insekten. Ihren Durst löschten sie mit Wasser. Alkohol war unbekannt, in der Onge-Sprache gab es nicht einmal ein Wort dafür.

Das ist nun anders geworden. Zwar ziehen die einst nomadischen Onge gelegentlich immer noch herum und bauen ein anderes Dorf. Aber Nomaden sind sie nicht mehr. Die meisten von ihnen arbeiten in einer für sie angelegten Kokosplantage. Mit dem dabei verdienten Geld bestreiten sie den Kauf »fortschrittlicher« Dinge in den Läden der indischen Inselbewohner.

Wichtigste Zelle der Onge-Gesellschaft ist noch heute der Clan, die Großfamilie. Einen Häuptling oder Schamanen gibt es dabei nicht, wohl aber eine Art Ältestenrat, dem auch die Frauen angehören. Wie die anderen Andamaner auch werden die Onge selten größer als 160 Zentimeter. Durch die fettreiche Ernährung sind vor allem die Frauen recht üppig gebaut. Diesen Eindruck verstärken die Fett-Steiße der Onge-Frauen, gekennzeichnet durch eine starke Abknickung der Wirbelsäule in Höhe des Kreuzbeines. Dadurch werden die Gesäße zu weit ausladenden Vorbauten. Sie gelten hier als Schönheitsmerkmale.

Hervorgerufen werden diese Veränderungen wohl nicht zuletzt durch den Brauch, schon die kleinen Kinder in Tragschlingen zu setzen, die einen Teil des Gesäßes abschnüren. Die Tragbänder der Frauen werden über die Stirn geführt. Bei den Männern verläuft das Rindenband von der rechten Schulter zur linken Hüfte, so daß die Babys in diesem Fall seitlich »eingehängt« werden.

Die Onge haben, vom Haupthaar abgesehen, keinerlei Behaarung. Seit die Inder ihre schwarzen Mitbürger dazu überredet haben, ihre Genitalien in Stoffbeutel zu packen, fällt die mangelnde Behaarung nicht auf den ersten Blick auf. Übrigens tat den Indern diese Verpackungsaktion nachträglich leid. Die Hygiene litt nämlich darunter, weil die Onge fortan die Stoffsäckchen überhaupt nicht mehr ablegten. Der »natürliche« Zustand war hygienischer gewesen.

Bei den Frauen gibt es solche Probleme nicht. Sie tragen seit jeher nichts als sparsame Lendenschurze aus Rotang-Fasern, die an Gürteln aus Pandanus-Bast zwischen ihren Beinen baumeln.

Im Gegensatz zu anderen Gruppen kennen die Onge keine Tätowierung und nur sehr sparsamen Schmuck, etwa eine Kette aus Tierknochen. Dagegen sind sie Künstler in der Technik der Körperbemalung. Sie malen sich entweder von oben bis unten mit mehreren Farben an oder verwenden nur einen Farbton, in den sie dann Ornamente kratzen, die die dunkle Haut hervorscheinen lassen.

Wie andere Andamanen-Stämme schmücken die Onge ihren Körper durch Bemalen (rechts und unten). Dabei gibt es zwei Methoden. Entweder bemalen sie sich mit verschiedenen Farben, etwa mit Rot, Braun, Ocker und Weiß, die mit dem schwarzen Hautton kontrastieren. Oder sie verwenden nur eine einzige Farbe und kratzen dann Muster hinein, die die Haut dunkel hervortreten lassen.

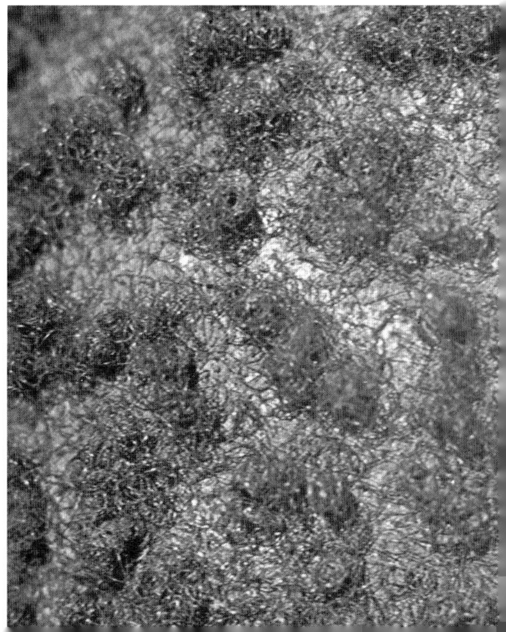

Reinblütige Andamaner haben nur auf dem Kopf Haare – und diese wachsen in kleinen Büscheln als »Pfefferkornhaar« (links). Bärte, Achselhaare, Haare auf der Brust oder an den Geschlechtsteilen sind bei ihnen unbekannt. Deshalb bestaunten sie uns haarige Europäer bei unserem Besuch.

Wie die Bewohner anderer »paradiesischer« Gegenden, etwa der Seychellen, arbeiten die Onge nur, wenn sie dazu aufgefordert werden. Alle 14 Tage fährt ein größeres Ruderboot zur Hut Bay, um Kokosnüsse abzuliefern. Ihr Betreuer, der Inder Patrick Lobo, erledigt das für sie und verteilt den Erlös, von dem Taschenlampen und Plastikeimer, Teller und Töpfe erstanden werden – und neuerdings auch Alkohol, der bei ihnen nun »Taumler« oder »Stolperer« heißt, und Tabak, den sie sich sehr schnell angewöhnt haben.

Trotz der Plantagenarbeit gehen die Onge immer noch auf die Jagd, zum Fischfang und zum Sammeln von Honig. Auf Ackerbau können sie sich nicht umstellen, das erlaubt der kulturfeindliche Dschungel auf keinen Fall. Für die Jagd auf Wildschweine, die sie buchstäblich zu Tode hetzen, verwenden sie Pfeil und Bogen und den Speer. Aus Indien eingeführte Harpunen sind die beliebtesten Waffen für den Fischfang.

Die Nester der wilden Bienen hängen hoch in den Bäumen. Den mit Greifzehen ausgerüsteten Onge macht das Hinaufklettern keine Schwierigkeiten – sie klettern wie die Affen. Um nicht von den Bienen gestochen zu werden, reiben sich die Onge mit dem Saft aus dem Stamm der Alpinia, eines wirkstoffreichen Baumes aus der Familie der Ingwergewächse, ein und kauen auch Stückchen davon. Wenn die ärgerlichen Bienen angreifen, werden sie mit Alpinia-Speichel besprüht und ergreifen die Flucht.

Wie alle Andamaner glauben die Onge an übernatürliche Wesen wie Geister des Dschungels, des Meeres und der Toten. Oberster Herr der Geister ist Puluga, der alles schickt, was die Onge zum Leben brauchen, der aber auch die Blitze zucken und den Donner grollen läßt.

Unkompliziert ist ihre Einstellung zum Sterben. Wenn ein Mensch stirbt, verläßt seine Seele den Körper und ist nur noch Geist. Die Beisetzungen sind Männersache. Der Verstorbene wird kahlgeschoren und bemalt. Dann bindet man ihn in Embryohaltung zusammen und legt ihn mit dem Gesicht nach Sonnenaufgang in eine Grube oder auf eine Plattform hoch in den Bäumen. Wenn sich dort nur noch die Knochen finden, werden sie gewaschen und bemalt. Hirnschale und Unterkiefer gelten als Reliquien, die vor Krankheit und Gefahr schützen. Manche Hinterbliebene binden sich beides auf den Rücken. Der Verstorbene wandelt unterdessen auf der »Regenbogenbrücke« in das Reich der Toten.

Die Dajak

Auf den Spuren der Ureinwohner Borneos

Borneo ist die größte der südostasiatischen Inseln. An den Küsten gibt es Mangroven-Dickichte, im Innern des Landes feuchtheiße, fast undurchdringliche Urwälder. So wählten wir den Wasserweg, der noch mit genug Schwierigkeiten verbunden war, als wir in das Landesinnere vordrangen, um einige Stämme der Dajak zu besuchen. Wir interessierten uns besonders für die berühmten Ahnenpfähle der Ureinwohner Borneos.

Auf schmalen Booten durch den grünen Dschungel

Der Wasserweg ist im undurchdringlichen Dschungel immer noch die einfachste Verkehrsverbindung. Zuerst mit einem Motorboot, dann mit einem bequemen Hausboot und schließlich mit mehreren Sampans (links), durch Paddel und Stangen vorwärts bewegten leichten und flachen Booten, fuhren wir den Kapuas-Fluß und später seinen Nebenfluß aufwärts. Oft genug versperrten gestürzte Bäume den Wasserweg. Schließlich ging es mit einer Dajak-Trägerkolonne weiter voran. Während einer Rast mitten im Dschungel lernte ich von den Dajak neue Möglichkeiten, sich sauberes Trinkwasser zu verschaffen. Gewaltige Bambusstangen wurden aufgehackt (oben); zwischen den Wachstumsknoten fanden sich vier bis fünf Liter Flüssigkeit. Die Dajak verstehen es aber auch, Lianen anzuzapfen. Diese »Quelle« ist allerdings weniger ergiebig. Für das Durchhacken wird ein Buschmesser verwendet.

Mitten im Urwald fand ich die gesuchten Totenpfähle, die noch kein Weißer gesehen hatte. Die Verstorbenen wurden aus Holz geschnitzt, oft aus lebenden, noch mit den Wurzeln im Boden verankerten Bäumen. Zum Schnitzen wird hartes Holz bevorzugt, da weiches Material im tropischen Klima Borneos zu schnell vermodern würde. Ahnenkult und Geisterglaube sind auf der Insel noch weit verbreitet. Als ich meinen ersten Totenpfahl erwarb, mußten die Geister zuvor durch ein Blutopfer aus Hühnerblut zufriedengestellt werden.

Bis zu 300 Menschen wohnen in einem der dorfgroßen Dajak-Langhäuser

20 bis 40 Familien bewohnen jeweils eines der großen Langhäuser der Dajak. Matten trennen die Wohnbereiche voneinander. Für die Jüngsten gibt es »Hängewiegen« (rechts). Wenn früher eine stillende Mutter starb, wurde das Kind lebend mit ihr begraben – es war niemand da, der es hätte ernähren können. Die Heranwachsenden dürfen alles das tun, was unseren Kindern verboten wird (oben): mit dem Messer und dem Feuer spielen, Reiswein trinken und Zigaretten rauchen. Links: Am offenen Feuer entsteht ein Braten. Beliebt ist das Fleisch von Wildschweinen, Affen, Vögeln und einer kleinen Hirschart.

Wir waren von Pontianak, der Großstadt an der Westküste der Insel Borneo, etwa tausend Kilometer weit in das Landesinnere vorgedrungen – mit Booten auf dem Kapuas-Fluß und einem Nebenfluß und schließlich zu Fuß, begleitet von Dajak-Trägern, auf beschwerlichen Märschen.

Die Flußniederungen lagen längst hinter uns. Über dem Dschungel ragten die Ausläufer des Schwaner-Gebirges – es wurde nach dem ersten Weißen benannt, der diese Gegend vor 130 Jahren bereiste, nach dem Mannheimer Dr. Schwaner – in den Himmel. Meine Hoffnung war, im Herzen Borneos Stämme zu finden, die noch den animistischen Ahnenkult pflegten.

Die uns begleitenden Dajak, tüchtige Bootsfahrer und berühmte Träger auf vielen Expeditionen, waren von kleinem Wuchs, jedoch muskulös, hatten eine dunkle Hautfarbe und schwarzes glattes Haar. Unterwegs hatten wir in dem Dajak-Dorf Sumpak ein Erntedankfest erlebt. Man hatte uns schon mit einigen Reiskörnern begrüßt. Nun wurde Reis in grünen Bambusrohren gekocht. Der Reiswein stand bereit.

Höhepunkt des Festes war das rituelle Töten der Schweine. Seit dem frühen Morgen lagen die Tiere unter dem eigens für sie angefertigten Dach und wurden den ganzen Tag über gefüttert – eine Art Gnadenbrot. Der Speer zum Töten der Schweine steckte neben der Herdstelle in einem wassergefüllten hölzernen Trog. Geschlachtet wurde in allen Familien ungefähr um die gleiche Zeit. Die noch warme Leber der Schweine – und das war für mich der interessanteste Augenblick des ganzen Festes – wurde auf einen Teller gelegt und dem Familienoberhaupt zur Begutachtung vorgelegt. Nach Auffassung der Dajak kann man aus dem Zustand der Leber das Wohlergehen der Familie und des Stammes herauslesen. Eine kranke Leber bedeutete ein böses Omen.

In Sumpak sah ich auch schon die ersten geschnitzten Bretter, die zweifellos mystischen Ursprungs waren. Ich befand mich also auf dem richtigen Wege. Wir zogen bald weiter. Da man auf einem solchen Marsch ohnedies bis auf die Haut durchnäßt ist, geht man den kürzesten Weg, auch wenn er durch Bäche und Morast führt. Obwohl ich ständig nach Totenpfählen Ausschau hielt, war ich freudig erregt, als ich dann plötzlich mitten im Urwald die ersten Ahnenpfähle sah. Ich verhandelte sofort mit dem Dorfältesten wegen des Erwerbs einiger Pfähle. Er

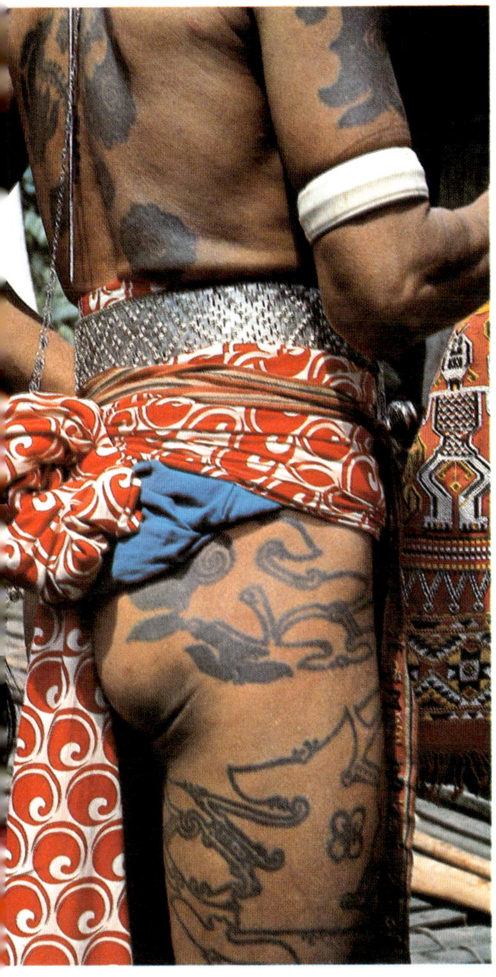

Alle Dajakmänner, zum Teil aber auch die Frauen, sind tätowiert – manche von Kopf bis Fuß und oft so stark, daß sie nicht mehr braun aussehen, sondern eine blaue Hautfarbe zu haben scheinen (oben). Bei den Landdajak im Landesinnern findet man oft wertvollen Silberschmuck (links), den die Frauen bei besonderen Gelegenheiten tragen. Er besteht vor allem aus holländischen Silbermünzen. Oft werden aber auch Glasperlen und Schmucksteine hineingearbeitet. Die Seedajak an der Küste schwärmen für schwere Metallringe, die in Ohreinschnitten hängen.

Die Tänze der Dajak sind ruhig und getragen (links). Gongs, Trommeln und Inbahi, ein gitarrenähnliches Instrument mit zwei Saiten, begleiten sie. Oft kommt noch ein Wechselgesang dazu, der auf den überlieferten Legenden der Dajak beruht. Aber diese Bräuche sterben allmählich ab – aus vielen Langhäusern klingt schon Radiomusik.

fand sich erst bereit, mit mir zur Kultstätte zu gehen, als ich ihm erläuterte, es müsse doch Ahnenpfähle einer ausgestorbenen Familie geben.

Zwar hatte ich dem Dorf schon ein Geschenk gemacht. Der Dorfälteste meinte jedoch, das reiche nicht aus. Ich müsse außerdem noch ein Blutopfer bringen, die Ahnen könnten sich sonst rächen. Also kaufte ich ein Huhn, das geschlachtet und dessen warmes Blut über die Kultstätte verspritzt wurde. Trotzdem berührte keiner der Dajak die Pfähle. Ich mußte sie selbst ausgraben.

Im nächsten Dorf fand ich dann eine ganze Allee von Ahnenpfählen. Weil darunter auch neue Figuren waren, mußte der Ahnenkult hier noch heute gepflegt werden. Das erwies sich als richtig. In diesem Gebiet errichtet man für jeden Toten einen Pfahl, gleichgültig, auf welche Weise der Leichnam beigesetzt wurde. Es gibt ganz einfache Holzstämme, bei denen der Kopf nur symbolisch angedeutet wird, und andere, die sehr ins Detail gehen, schön verziert sind und typische Eigenschaften des Verstorbenen zeigen. Einer war wohl Soldat, er trägt eine Mütze und ein Gewehr. Ein anderer zeigt die Attribute des Fischers oder Wildschweinjägers. Am unteren Teil der Pfosten sind oft Dämonenfratzen mit Reißzähnen und herausgestreckter Zunge zu sehen.

Wir konnten viele Ahnenpfähle mitnehmen und hatten schwer daran zu schleppen. Die Pfähle sind meist aus Eisenholz, sie hätten die Jahrzehnte sonst auch nicht überdauert, und wiegen bis zu 50 Kilogramm. Selbstverständlich mußte für jeden neuen Pfahl auch ein neues Opfer gebracht werden. Schließlich war das Angebot größer gewesen als meine Möglichkeiten des Transports.

In der ganzen Welt denkt man, wenn von Borneo die Rede ist, zunächst an Kopfjäger und Orang-Utans. Die Kopfjagd gehört längst der Geschichte an. Sie hatte zwar rituelle Gründe, hing aber mit der Dajak-Religion nicht unmittelbar zusammen. Kopfjagd war hauptsächlich eine Mutprobe. Es konnte aber auch einfach Renommiersucht dahinterstecken, zum Beispiel, um einer Frau zu gefallen. Ursprünglich war die Kopfjagd auf die häufigen Kriege beschränkt. Später dehnte sie sich so aus, daß die Entwicklung der Insel stark gehemmt wurde. Zur letzten Jagd auf Menschenköpfe wurden die Dajak noch während des Zweiten Weltkrieges ermutigt. Ihre Opfer sollten die Japaner sein, die Borneo von 1942 bis 1945 besetzt hielten.

Was die Orang-Utans betrifft – das Wort bedeutet »Waldmensch« –, so waren diese Menschenaffen in den letzten Jahrzehnten vom Aussterben bedroht. Die Regierungen Borneos stellten die Orang-Utans deshalb unter Schutz und befahlen, zahme Tiere in den Stationen der Reservate abzuliefern. Das geschah auch.

Die Dajak verhalten sich im übrigen dem Orang-Utan gegenüber uneinheitlich. Die einen verehren ihn als Freund und würden ihn niemals töten. Die andern töten ihn, um daraus Zaubermedizinen herzustellen, die Kraft und Geschicklichkeit des Affen auf den Menschen übertragen sollen. Es gibt auch Legenden über Paarungen von Mensch und Orang-Utan. Das Ergebnis sollen stets Zwillinge sein, wovon eines Mensch und das andere Affe ist. Heute gibt es zahme Orang-Utans, die mit wilden Artgenossen »verheiratet« sind und immer wieder zur Station zurückkehren.

Für mich waren auf Borneo neben den Ahnenpfählen vor allem die Langhäuser interessant. Die bis zu 200 Meter langen Holzbauten stehen auf Pfählen. Sie fassen 20 bis 40 Familien, also bis zu 300 Personen – die Bevölkerung eines ganzen Dorfes. Es gibt darin einen Gemeinschaftsraum. Im übrigen aber bleibt jede Familie streng für sich.

Tagsüber sind die Frauen auf den Feldern, die Männer auf der Jagd oder beim Fischfang. Die wichtigste Jagdwaffe ist immer noch das Blasrohr, das Sumpitan. Der giftige Pfeil wird fast geräuschlos abgeschossen und trifft sein Ziel auch noch auf eine Entfernung von fünfzig Metern mit Sicherheit. Die bis zu drei Meter langen Blasrohre bestehen aus Holz. Für die Innenbohrung wird größte Sorgfalt aufgewendet. Die Pfeile haben am Ende eine Art Pfropfen aus leichtem Holz, ähnlich unserem Holundermark. Dieser Stöpsel paßt genau in die Bohrung und sorgt für den nötigen Vortrieb durch den Luftdruck. Die Pfeile selbst sind viel dünner. Ein Dajak, der auf die Jagd geht, trägt bis zu 100 Pfeile bei sich.

Das in wenigen Minuten tödlich wirkende Gift wird aus dem Saft bestimmter Bäume hergestellt. Durch Einkochen gewinnt man eine pechartige Substanz, die in der Sonne getrocknet wird. Später wird mit Wasser ein Brei angerührt, mit dem die Pfeilspitzen bestrichen werden.

Nicht nur Waffe, sondern unentbehrliches Werkzeug sind die Buschmesser oder Parangs der Dajak. Sie sind etwa 60 Zentimeter lang mit Griffen aus Holz, Knochen oder Elfenbein.

Die Balinesen

Inselreich der Tempel, Tänzer und Dämonen

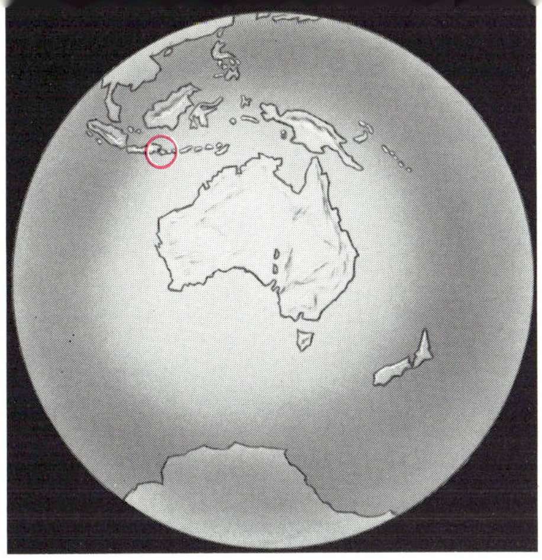

Zentrum allen Lebens, Symbol des Schicksals, immer gegenwärtige Kultstätten auf Bali sind die Tempelanlagen, die, wie hier am Bratansee, den Göttern gewidmet sind. Die Merus mit elf Dächern übereinander sind Shiwa geweiht, dem Herrscher über Leben und Zerstörung. Sein Zuhause ist der Gunung Agung, von dem aus der Gott, so wird geglaubt, mit Lavaausbrüchen Verwüstung über das Land schickt.

216 *Überall zu sehen und doch keine Schau für die Fremden: Prozessionen der mit Blumen geschmückten Mädchen, Drachen-*

tänze und Opferdarbietungen aus sorgfältig aufgetürmten Früchten und Blumen für die Dorftempel.

Zwei Reisernten im Jahr – dennoch reicht die Nahrung kaum für die wachsende Bevölkerung

Die kunstvoll angelegten Reisfelder, zu deren Ertragssteigerung auch die japanischen Besatzungsmächte beigetragen haben sollen, werden mit Wasserbüffeln und Ochsenpflug bearbeitet und in Form von Genossenschaften verwaltet. Es gibt Dörfer, abgelegen und für den fremden Besucher nur schwer zugänglich, in denen Privateigentum noch heute verpönt ist. Neben dem Reis, der in den Bergen auf kunstvoll angelegten Terrassen mit komplizierten Bewässerungssystemen angebaut wird, bietet die Landwirtschaft den Balinesen Getreide, Kaffee, Kokosnüsse und Bananen.

Tanz der Dämonen und der guten Geister

So furchterregend sein Anblick ist, der Dämon Barong, die Gestalt eines Tieres mit langen Haaren, hervorquellenden Maskenaugen und gefährlichen Zähnen, verkörpert das Gute. Er versucht die Todesgöttin Randa, eine häßliche Hexe, zu besiegen, und er wird in diesem Kampf von den Menschen mit ihren Kris-Messern unterstützt. Es wird berichtet, die Tänzer seien in Trance sogar bereit, sich selbst zu töten. Anmutig dagegen die Frauentänze, etwa der Legong, für den unverheiratete Mädchen geschmückt werden (links). Jede Bewegung der Hände, der Arme, des Körpers hat beim Legong (rechts) eine festgelegte Bedeutung.

Zu den unerklärbaren Geheimnissen gehört das Trance-Zeremoniell des Sanghyan Djaran, bei dem der Darsteller den Tanz auf glühenden Holzscheiten (oben) unversehrt übersteht. Das größte Fest auf Bali aber sind die Riten der Bestattung. Der Leichnam wird in den hölzernen, mit Leder, buntem Samt und Papier geschmückten Körper einer Kuh, eines Stieres oder eines Löwen mit kunstvoll geschnitztem Kopf gelegt und verbrannt (Bilder rechts). Die Asche des Toten wird in der folgenden Nacht feierlich dem Meer übergeben.

Der Kecak, eines der faszinierendsten Schauspiele

Am Abend, nach Einbruch der Dunkelheit, können Bali-Besucher zu Zeugen eines der faszinierendsten Schauspiele der Erde werden, des Kecak. Die Handlung dieses Tanzes ist dem Ramajana entnommen, einem großen indischen Epos aus dem 3. Jahrhundert vor Christus, in dessen Mittelpunkt der Affenkönig steht. In den Dörfern fern von Denpasar wird dieses Zeremoniell von den Männern im vierfachen magischen Kreis, bekleidet mit gestreiften oder karierten Lendenschurzen, nur zu besonderen Anlässen aufgeführt. Mit ihm

versucht man sich gegen ein Unheil zu wehren, das die Gemeinschaft des Ortes bedroht. Wenn Seuchen ausbrechen, soll es Allheilmittel sein, Vertreibung des Bösen. Die Balinesen vertrauen auch auf die schwarze Magie der Balians, der Medizinmänner, die mit Sprüchen und Gebeten von Schmerzen heilen und die Zukunft weissagen. Ihre Kunst wird von den Vätern auf die Kinder weitervererbt; sie kann erlernt werden oder ist mit der Fähigkeit, sich in Trance zu versetzen, begründet. Balinesen sind Geheimnissen noch nahe, von denen sich die zivilisierten Völker weit entfernt haben. Das gilt besonders für den Kecak, auch wenn diese Tänze inzwischen für die Gäste mit einer Handlung über Rama, Sita und Hanuman umgeben wurden, in der die Männer als Helfer des Affenkönigs fungieren. Ihre Gesten von Versenkung und Beschwörung, ihre Kecak-Rufe faszinieren den Fremden selbst dann, wenn das Schauspiel, nur für ihn arrangiert, auf eine Stunde beschränkt bleibt und nicht wie einst bis zur totalen Erschöpfung am Morgen dauert.

Nachdem ich ein paar Tage in Bali Beach, einem Zentrum der Jet-Set-Besucher, zugebracht habe, am Abend zum reichlich gedeckten kalten Büfett vor der künstlichen Tempelkulisse das Gamelan-Orchester und die Legong-Tänzerinnen genießend; nachdem ich ein paar Schritte entfernt im teuren Antiquitätengeschäft eine wertvolle Garuda-Plastik und einen reichgeschnitzten Türstock erworben habe; nach dem Besuch des primitiven Fischrestaurants auf der anderen Seite mit köstlichen Meeresdelikatessen; nachdem ich nachts am Strand im Liegestuhl den eisgekühlten Gin Tonic und die tropische Nacht genossen habe; nachdem ich auch mit einem Auslegerboot in sengender Mittagshitze zum Turtle Island unterwegs gewesen war, zu jener Insel, auf der eine Riesenschildkröte zur Schau gestellt wird – nach alledem mache ich mich auf die Suche nach Bali.

Im Jeep mit einem landeskundigen Begleiter bei einer Temperatur von vierzig Grad rollen wir auf gut ausgebauter Straße in die Dörfer der Kunsthandwerker, zu den Gold- und Silberschmieden, nach Tjeluk, zu den Holzschnitzern von Mas und den Malern von Ubud, die ihre größten Umsätze mit den kitschigsten Artikeln machen.

Fast jeder Balinese verfügt über große kreative Talente im Umgang mit Holz, Farben und Metallen, als Schauspieler oder Tänzer. Die Erklärung dafür ist höchst einfach. Die künstlerische Betätigung gehört, abgesehen von der Massenanfertigung von Souvenirartikeln, zum Alltag. Sie ist notwendig, um den religiösen Pflichten nachzukommen – wer sich ihnen widersetzte, zöge den Zorn der bösen Dämonen auf sich und verlöre den Schutz der guten Geister.

Nichts ist künstlich erhaltene Folklore, alles gehört zum Dasein: die prächtig arrangierten aufgetürmten Opfergaben, die Frauen in großer Prozession auf ihren Häuptern in die Tempelhöfe tragen; die Blumen und Früchte, die in den Hausschreinen jeden Tag dargebracht werden; die Barong- und Kecak-Tänze, die wir spät in die Nacht hinein miterleben und bei denen mit uns nur noch vier andere Europäer Zuschauer sind, unbeachtet im Dunkel.

Wie betäubt kehren wir zurück in den Puri, den Palast des Tjokorden Agung, der seine fürstliche Bleibe in Ubud mit Höfen und strohgedeckten, mit Schnitzwerk und Malereien geschmückten Holzhäusern für ein paar Dollar den Fremden geöffnet hat. Der Tjokorden Agung hat den aus einer Aircondition-Welt kommenden Besuchern damit die Pforte geöffnet zum wahren Bali. Doch selbst wer sie durchschritten hat, wird kaum verstehen, sondern allenfalls etwas erahnen von diesem so fremden Leben.

Zwar gilt noch immer ein streng unterteiltes Kastensystem, nach hinduistischem Vorbild von der unteren Stufe der Jaba bis zur höchsten der Brahmanen, und der Wechsel von einer zur anderen Stufe ist nur durch Wiedergeburt möglich, doch mehr als die Ehre einer Kastenzugehörigkeit als der Umgang innerhalb einer Kaste und der Gebrauch einer besonderen hochbalinesischen Sprachform sind nicht geblieben im Vergleich zu früher, als man sich zahlreiche Frauen und Geliebte halten und dem Nichtstun nachgehen konnte.

Wir fahren nach Bedulu, besichtigen die Elefantenhöhle von Goa Gadja am heiligen Fluß, dem Blutstrom eines Dämonen. Die Höhle ist Ganesha, dem elfköpfigen Sohn Shiwas, gewidmet. Wir besichtigen das Felsenrelief von Yeh Pulu und das Wasserheiligtum Tampaksiring mit den Tjandis von Gunung Kawi, in Fels gehauenen Königsgräbern, und dem einstigen Sommerpalast Sukarnos über den Quellen von Tirta Empul, in deren in Bassins gespeichertem Wasser die Bevölkerung badet und Gebrauchsgegenständen neue Weihen gibt.

Von Kintamani aus der Postkartenblick über den See zum Vulkan Batur, an dem die Ausflugsboote bereitliegen. Auf der anderen Seite werden die Neugierigen zum Friedhof geleitet, auf dem die Leichen nicht bestattet, sondern unter schützenden Matten zur Verwesung ausgelegt werden.

Nach dem Besuch des Muttertempels von Besakih, der an den höchsten Feiertagen das Ziel von Pilgern aus allen Teilen der Insel ist – einer mächtigen Anlage mit großen Merus im Schatten des heiligen, noch immer rumorenden Vulkanberges Gunung Agung – speisen wir in einem kleinen Dorf im Haus meines Reiseführers. Die Mutter reicht uns Reis, den wir mit den Fingern verzehren. Die Frauen essen gesondert. Die äußeren Punkte des Dorfes werden von den Tempeln der Gründung und des Todes bestimmt. In der Dorfmitte trifft man sich unter einem Banyon-Baum zum Schwatz, in einer Halle zur Versammlung und im Tempel zu religiösen Festen, aber weder die Nyepi-Feierlichkeiten zur Sonnenwende noch die Feier zur Rückkehr der Geister und ihr Empfang sind mir vergönnt. Dafür sitzen wir am Abend mit Kindern und Erwachsenen vor einer weißen Lein-

Eine Buddha-Statue: Die Religion wird von hinduistisch-javanischen Einflüssen und im Hochland vom altüberlieferten Bali-Aga bestimmt. Kinder gelten als Segen, als Beweis der Re-Inkarnation. Sie werden als Gleichberechtigte behandelt. Schon Dreijährige übernehmen in der Gemeinschaft Pflichten – dafür müssen sie nicht zu früher Abendstunde ins Bett. In Tenganan, im Osten der Insel, haben die Erwachsenen ihnen große Luftschaukeln gebaut, auf denen sie sich vergnügen können (rechts).

wand, hinter der ein Dalang mit den an Stäben geführten Pergament-Wayang-Figuren ein Schattenspiel aus dem Ramajana aufführt. Für den Europäer unverständlich, verlangt es vom Akteur und den Zuschauern Geduld bis in die Morgenstunden.

Einige Tage später bringt mich mein balinesischer Führer zu einer der wenigen aufwendigen Totenverbrennungen. Der Leichnam eines Fürsten ist seit Wochen durch Injektionen präpariert, nun kann er eingehen in das Reich der Götter. Ein Turm aus Bambus und Holz ist aufgerichtet worden. In einer offenen Pfeilerhalle, der Bale, sind die Köpfe göttlicher Tiere geschnitzt worden. Sie verkörpern den Adler Garuda, das Schwein, die Schildkröte, die Schlange Naga und einen Stier. Die Schlange, dargestellt durch große, mit Samt, Leder und Reifen verzierte Baumstämme, wird in feierlicher Prozession zum Totentempel geleitet. Opfergaben, Gebete und der letzte Blick auf den Leichnam sind die Pflichten der Verwandten. Ein großes Fest mit Sprechgesängen, Gamelanmusik und Speisung hat seinen Anfang genommen.

Der mit Tüchern weißumhüllte Sarg, der Bambusturm, die Naga und der Stier werden zur Verbrennungsstätte getragen. Hier entnehmen Helfer dem Sarg die sterblichen Überreste, legen sie in die Öffnung des Stiers, bedecken sie mit Brokatstoffen und weihen sie mit Wasser. Zum Priestergesang von Mantras wird die hölzerne Hülle des schwarzen Stiers geschlossen und der Todesturm entzündet. Er brennt wie eine riesige Fakkel. Naga, die Schlange, wird die Seele mit in den Himmel nehmen. Frei ist sie erst, nachdem die Asche nachts dem Meer übergeben wurde.

Sechs Wochen später werden die Rituale mit einem aus Palmblättern gefertigten Abbild noch einmal vollzogen. Nun sind auch die Angehörigen und die Bewohner des Dorfes frei von jeder Verunreinigung. Einfache Balinesen niederer Kasten unterwerfen sich den vorgeschriebenen Bestattungszeremonien, so gut sie können: Sie vergraben ihre Toten, bis sie sich die Verbrennung leisten können.

Auch auf Bali hat der Touristenboom längst begonnen. Der Bettenberg wächst vor allem im Süden der Insel bei Denpasar: uniformierter und vollklimatisierter Luxus. Das Paradies, das den Fremden in den Prospekten versprochen wird und zu dessen Untergang sie auf mannigfaltige Weise beitragen, liegt nur ein paar Kilometer und doch Welten entfernt von der programmierten Exotik.

Die Papua

Neuguineas geheimnisvolles Steinzeitvolk

Auf Neuguinea gibt es Bergpapua-Stämme, die keinen Topf zum Kochen und kein Metall zum Schmieden kennen, kein Tuch zum Schneidern und keine Schrift zum Aufzeichnen ihres spärlichen Wortschatzes. Sie leben wie in der Steinzeit, und Steinäxte sind ihre wichtigsten Werkzeuge. Ich konnte nicht voraussehen, auf welches Abenteuer ich mich einließ, als ich nach der »Quelle der Steinäxte« der Papua zu suchen begann.

Reißende Ströme und unvorstellbar tiefe Wasserfälle waren das Haupthindernis unserer Expedition. Zum Brückenbau wur-

den Lianenfasern mit einem Pfeil ans andere Ufer geschossen. Dicke Lianen wurden nachgezogen.

Die Schlamm-Männer der Papua tragen unheimliche Gesichtsmasken

Noch herrscht Ruhe über dem Papua-Dorf mit seinen strohgedeckten Hütten. Aber bald werden die ersten Eingeborenen mit einer Steinaxt als Symbol in den Lichtungen sitzen und auf die Riesenvögel warten, die Flugzeuge der Weißen, die die schönsten Dinge bringen – Fetischismus heute (oben).

Nicht nur die Schlamm-Männer des Gorukastammes in Neuguinea beschmieren sich mit Ton (oben). Es ist ein allgemeiner Brauch, in rituellen Tänzen den Geist des Bösen darzustellen. Deshalb formen sie aus Schlamm groteske Gesichtsmasken und reiben auch ihre Körper mit derselben Mischung ein. Mir wurde erzählt, daß sich ein Stamm auf der Flucht vor seinen Todfeinden in einen Fluß zurückzog und dann über und über mit Schlamm beschmiert wieder an das feindliche Ufer kletterte. Die Gegner hielten diese Gestalten für Dämonen und flüchteten. – Zwischen einzelnen Tälern gibt es oft blutige Kriege. Ein Stamm hatte nach der Christianisierung Amulette, Pfeile und Speere verbrannt. Sofort griff der Nachbarstamm an und tötete eine große Anzahl der waffenlosen Krieger. Bei den Polizeiposten häufen sich die beschlagnahmten Speere. Langspeere mit Widerhaken sind absolut tödlich (ganz links). – Die Bergpapua setzen ihre Toten meist in kleinen Häuschen bei, die im allgemeinen in Baumkronen oder auf Stelzen (l.) befestigt werden.

Wang-Kob-Me, Material für Steinäxte

Rings um die Feuerstelle (rechts) spielt sich das Leben des Stammes ab. Die Kinder lernen schon früh, Pflichten zu übernehmen – sie sammeln Holz, holen Wasser oder betreuen die Schweine. Trotzdem bleibt genug Zeit zum Spielen (oben). Hier werden Stangen für ein Bauwerk an der Felshöhle beim Dorf zusammengeholt.

Bericht aus der Steinzeit: Die Bergpapua fertigen ihre Steinäxte und -messer aus dem grünen oder herrlich blauen Glaukophan an, einer Art Hornblende, die die Dani Wang-Kob-Me nennen. Aus dem Steinbruch werden größere Steinbrocken geholt (oben) und zunächst grob zerspalten (links). Die bei der Bearbeitung abfallenden Splitter sind messerscharf. Durch mühsames Schleifen (oben rechts) werden die Werkzeuge geformt und geschärft. Für den Zuschauer hörte sich das an wie in einer Schmiede, so metallisch klang es. Es war, als würde Eisen bearbeitet. Man merkte dem Klang an, wie hart dieser Wang-Kob-Me sein mußte. Steinäxte spielen bei den Dani auch heute noch eine große Rolle. Aber der Übergang von der Stein- zur Eisenzeit bahnt sich an. Manche Dani bringen ihre Gartenbauerzeugnisse zur Missionsstation und tauschen sie gegen Stahläxte und nicht minder begehrte Buschmesser ein. Wie bei den meisten primitiven Völkern wird auch bei den Dani die schwere Arbeit des Rodens, des Aushebens der Gräben und das Umstechen des Bodens von den Männern und größeren Knaben gemacht. Der Anbau und das Ernten sind dann ausschließlich Tätigkeiten der Frauen und Mädchen. Abgesehen von der körperlichen Konstitution hat diese Einteilung sicherlich auch mit dem Fruchtbarkeitskult zu tun. Zum Umstechen des Bodens haben die Männer schwere Grabstöcke, die Frauen dagegen verwenden kleinere Stöcke für das Lokkern des Bodens, nachdem die Pflänzchen schon gesetzt sind. Geerntet wird über mehrere Monate hindurch.

Schweinebraten, zubereitet auf Dani-Art

Für ein winzig kleines Schwein sollte ich an den Häuptling des Dorfes eine Stahlaxt zahlen, aber ich weigerte mich, das Geschäft zu machen. Erst nach mehr als einer Stunde brachten sie mir zwei größere Schweine, die ich für je eine Axt und eine Handvoll Schneckengeld erhandelte. Wir wollten die zwei Schweine nach althergebrachter Dani-Art zubereiten (Bilder oben). Einige Männer hielten die Tiere an den Beinen hoch, ein Pfeilschütze erschoß sie aus drei Metern Entfernung. Zu meiner Erleichterung trafen sie beim ersten Schuß mitten ins Herz. Als die Träger das erste Schwein öffnen und ausnehmen wollten, kamen plötzlich Dorfbewohner aufgeregt angerannt und erklärten uns, daß wir die Schweine nicht essen dürften. Eine Axt und die Hälfte des Schneckengeldes legten sie uns zu Füßen. Wir verstanden nichts, und zunächst nahm ich an, daß das Schwein vielleicht Junge hatte, die wir auch noch bezahlen sollten, bis uns andere Dorfbewohner sagten, jetzt sei alles in Ordnung, wir sollten unser »Wam« ruhig essen. Rechts: Papua in ihrer Hütte.

Musik mit Flöten, Trommeln und Bambustrichtern

Die Schweine, von Frauen und Kindern betreut, gehören mit zur Familie und bekommen einen Namen. Ich konnte sogar beobachten, daß, wenn einmal eine Muttersau starb, die Danifrau gleichzeitig mit ihren Babys das Ferkel an ihrer eigenen Brust säugte. Die Schlachtung und das Verspeisen werden nach strengen rituellen Vorschriften geübt. Bei einer Eheschließung, der Geburt eines Kindes, bei Totenzeremonien und Siegesfeiern findet fast immer eine Schweineschlachtung statt. Bei den Schweinefesten der Papua werden

manchmal über tausend Tiere geschlachtet (oben). Es ist schade, daß durch den Bruch mit der Tradition vor allem im kultischen Bereich ein Großteil des musikalischen Besitzes der Bergpapua in Vergessenheit gerät. Immer weniger der traditionellen kultischen Feste werden gefeiert, bei denen Musik in jeder Form aufgeführt wird. Der Papua mit dem gigantischen Penisfutteral (oben) hält es mit der Sangeskunst. Angesehene Stammeshäuptlinge (links) haben mehrere Frauen und junge Mädchen als Konkubinen.

Plötzlich sahen wir das Dorf. Kein Mensch zeigte sich. Die Rundhütten lagen da wie ausgestorben. Es war ein unheimliches Gefühl. Man wußte nie, ob man von den Eingeborenen mit einem Pfeilregen oder mit freudigem Geschnatter begrüßt wurde.

Langsam und vorsichtig näherte sich unsere Expedition der Siedlung. Und da auf einer Lichtung hockten sie plötzlich wie aus dem Boden gewachsen. Eng zusammengedrängt, stumm und ohne Bewegung starrten uns etwa vierzig Männer an. Mir war nicht sehr wohl zumute beim Anblick dieser schwarz gefärbten Gesichter mit ihrem unheimlichen Kopfschmuck aus Tierfellen. Ebenso stumm und bewegungslos, aber mit abgewandten Gesichtern, hockten daneben die Frauen, der kostbare und wohlbehütete Besitz eines jeden Stammes. Ich ging langsam auf die immer noch schweigenden Papua zu und gab jedem einzelnen die Hand, denn es gab keine schlimmere Beleidigung, als einen bei der Begrüßung auszulassen.

Mein Weg in die Steinzeit der Papua in Neuguinea begann mit einem Düsenjet in München. Mein ersehntes Ziel war der unerforschte Teil dieser Insel, auf der rund zweihunderttausend Menschen leben, die schlafen gehen, wenn die Nacht kommt, die Flußwasser aus der hohlen Hand trinken, die nicht wissen, was ein Rad ist, und die ein Messer aus Bambus und eine Axt aus Stein bis auf den heutigen Tag für das Optimum technischer Ausrüstung halten.

Die Dani, ein Bergvolk Neuguineas, kannten keinen Topf zum Kochen, kein Metall zum Schmieden, kein Tuch zum Schneidern eines Gewandes und keine Schrift zum Aufzeichnen ihres spärlichen Wortschatzes. Sie waren gutmütig und verspielt wie Kinder, hilfsbereit wie Samariter, unberechenbar wie junge Hunde, und ihrer Grausamkeit standen wir verständnislos gegenüber.

Auf unserem beschwerlichen Weg in die Baliem-Schlucht im Inneren der Insel sahen wir auf den Bergrücken Signalfeuer – kein angenehmes Gefühl, wenn man wußte, daß sich die Bergpapua mit solchen Feuern vor allem in Kriegszeiten verständigten. Wir waren in einer Gegend, in der im Augenblick Stämme gegeneinander kämpften, und da wußte man nie, wie man von den aufgeputschten Eingeborenen empfangen wurde. Als die Papua des vor uns liegenden Dorfes uns mit wildem Geschrei entgegenkamen, waren unsere Träger kaum mehr zu halten. Zu unserer Erleichterung stellten wir

Zur Festbemalung verwenden die Dani Schweinefett, Ruß und Erdfarbe. Schon in frühester Jugend wird bei den Jungen das Nasenseptum durchstochen und ausgeweitet. Diese Zeremonie in der Zeit der Initiation dient nicht nur dem Gesichtsschmuck. Nasenblutungen und Zungeneinschnitte werden mehrmals vollzogen. Die Blutungen haben den Sinn, den körperlichen Vorsprung der Frauen während ihrer Periode magisch aufzuholen und auf diese Art und Weise wettzumachen. Federn, Pelze, Skarabäen und Ziersträucher sind der überlieferte Kopfschmuck der Papua.

fest, daß das »Wa-wa-wa« nur eine Begrüßung war.
Um überhaupt über den Baliem-Fluß zu kommen, mußte man riesige Hängebrükken aus Lianen benutzen, die sich in elegantem Bogen über den an manchen Stellen 60 Meter breiten Strom schwangen. Trotz der Brücke blieb das Überqueren eine abenteuerliche Sache. Man mußte zuerst einen mehrere Meter hohen Pfeiler erklimmen, um auf die schwankende Brücke zu gelangen. Dazu hängt der Laufsteg schräg, und man mußte alle Geschicklichkeit aufwenden, um die starken Schwingungen durch sein Körpergewicht auszugleichen.
Besonders beeindruckt hat mich in dieser Gegend die Technik, mit der die Dani ihre Äcker anlegen. Oft stiegen sie bis zu vierzig Grad steile Hänge hinauf. So weit das Auge blickte, nichts als Felder, über Bergrücken hinweg bis ins nächste Tal. Angebaut wurden sie mit einem langen, spatenförmigen Stück Holz, das als Grabstock diente und sogar unseren Pflug ersetzen mußte.
Die Feldbestellung lag in den Händen der Frauen. Sie waren dabei unerhört flink und geschickt. Das entspricht der Einstellung vieler primitiver Völkerstämme: Die Frauen sind als Mütter Trägerinnen der Fruchtbarkeit, deshalb ist auch die Fruchtbarkeit des Ackers, das Säen und das Ernten, ihnen anvertraut. Während die Frauen arbeiteten, sah man immer auch die bewaffneten Männer in der Nähe. Sie trugen Bündel von Pfeilen und Speeren zum Schutz gegen Angreifer. Frauen sind nun einmal ihr wertvollster Besitz, und Frauenraub ist an der Tagesordnung.
Die Männer trugen wie alle Bergpapua kein Kleidungsstück außer ihrer Penishülle. Die Frauen hatten einen kurzen Lendenschurz, der aus Pandanusstreifen oder Stengelorchideenfasern gedreht wurde. Eine interessante Beobachtung hatte ich beim Zusammenleben mit verschiedenen Papua-Stämmen gemacht: Neben ihren sorgfältig geschliffenen Steinmessern verwendeten sie auch Klingen aus geschlitztem Bambusrohr. Diese Messer sind unglaublich scharf und wurden unter anderem dazu benützt, nach der Geburt eines Kindes die Nabelschnur durchzuschneiden.
Meine Suche nach dem Steinbruch der Papua endete in Jä-Li-Me, der »Quelle der Steinäxte«. Hier erlebte ich, wie Steinzeitmenschen ohne Werkzeug harten Stein für ihre Äxte brachen. Dicht an einen großen, grünlich schimmernden Felsblock wurden sechs Meter hohe Holzstangen angelegt. Daran bauten die Dani ein Gerüst und schichteten in zwei Meter Höhe darauf eine Steinterrasse, auf die sie dann Holz zum Brennen legten. Mit Grasziegeln drängten sie die Hitze dicht an die leicht überhängende Wand des Felsblocks.
Es war ein unwirklich scheinendes Bild, diese nackten, wild aussehenden Männer, die wie Affen an den Stangen herumturnten und mit primitivsten Mitteln eine Feuerstelle an den Felsblock bauten. Als das Feuer schließlich brannte, ließen sie sich auf dem Boden nieder und sahen stumm zu. Einige nutzten die Wartezeit, um ihre verfilzten Haare aufzumachen und zu entlausen, andere klopften schon an erkalteten abgesprungenen Steinen, um die ersten rohen Äxte zu formen.
Auf einem offenen Platz vor einem besonders langen Männerhaus durften wir unsere Zeltdächer aufspannen. Wir waren mit der Arbeit noch nicht fertig, als, von zwei kräftigen Männern begleitet, der zweite Häuptling des Stammes auf uns zukam. Er war von überdurchschnittlich großer Statur, mit seinen 1,85 Metern ein Riese unter den kleinen Dani. Sein ganzer Körper war mit Ocker beschmiert, sonst war er nackt und ohne jeden Federschmuck. Den hatte er nicht nötig. Seine bloße Erscheinung war so eindrucksvoll, daß man ihm seine Macht und Bedeutung auch ohne äußere Attribute glaubte. Er hatte drei offizielle Frauen, aber offensichtlich gehörten ihm auch noch ein paar hübsche junge Mädchen als Konkubinen.
Meine Expedition zu den Papua war die entbehrungsreichste, die ich je gemacht habe. Nie bin ich so zerschlagen zurückgekommen, nie dem Tod in kurzer Zeit so häufig nahe gewesen wie auf Neuguinea.
Es war auf dem Weg zur Quelle der Steinäxte. In einem schluchtartigen Tal mit vielen Wasserfällen sprang ich auf einen Schuttkegel, um einen besseren Platz zum Filmen zu suchen. Kaum hatte ich ihn berührt, da fegte der Schutt auch schon talwärts. Der Wasserstrom erfaßte mich und wirbelte mich herum. Kopfüber flog ich in den Abgrund und landete blutig und mit gebrochenen Knochen in einer Wasserwanne.
Meine Träger schleppten mich zu einer Lichtung im Dschungel. Es dauerte fünf Tage, bis es gelang, einen Arzt herbeizuholen. Ich wurde notdürftig zusammengeflickt. Nach vier Wochen setzte ich meinen Weg zur Quelle der Steinäxte fort, lief über 500 Kilometer und entdeckte nicht nur Jä-Li-Me, sondern durchquerte auch zum erstenmal die Insel.

Die Australier

Ureinwohner des australischen Kontinents

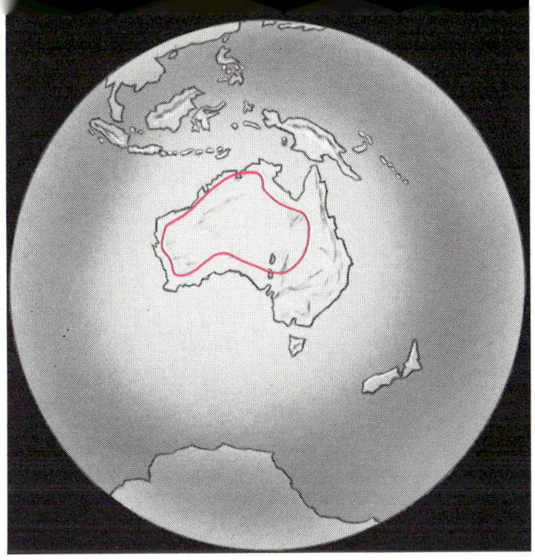

Die weißen Bewohner des australischen Kontinents nennen ihre dunkelhäutigen Landsleute einfach »Aborigines«, was nichts anderes als »Ureinwohner« bedeutet. Weiße gibt es seit knapp 200 Jahren in Australien. Die Spur der Ureinwohner, die man heute meist als Australier bezeichnet, reicht etwa 20000 Jahre zurück in die Steinzeit. Ihre Zahl nimmt zu. Fortschritt heißt auch bei ihnen die Parole. Aber wohin führt er sie?

Vom Dasein in »unbewohnbaren« Gebieten

Die Landschaften Australiens sind so vielseitig wie die Tier- und Pflanzenwelt, die sich von derjenigen anderer Kontinente stark unterscheidet. Neben Zuchtrindvieh gibt es hier und dort noch Wildbüffel (oben). Ein Wasserfall wie der Jim-Jim (ganz rechts) gehört zu den selteneren Naturerscheinungen. Australier leben auch in den sonst als »unbewohnbar« geltenden Regionen, so in den zentralen Wüsten oder im Norden des Landes (rechts). Die weißen Bewohner konzentrieren sich vor allem auf die Großstädte und auf den südöstlichen Winkel des Landes.

 Die Australier sind, soweit sie nicht entwurzelt wurden, seit Jahrtausenden als Sammler und Jäger tätig. Ein Windschirm ist

meist die ganze »Behausung«. Was Männer und oft auch Frauen erbeuten, wird am Lagerfeuer zubereitet.

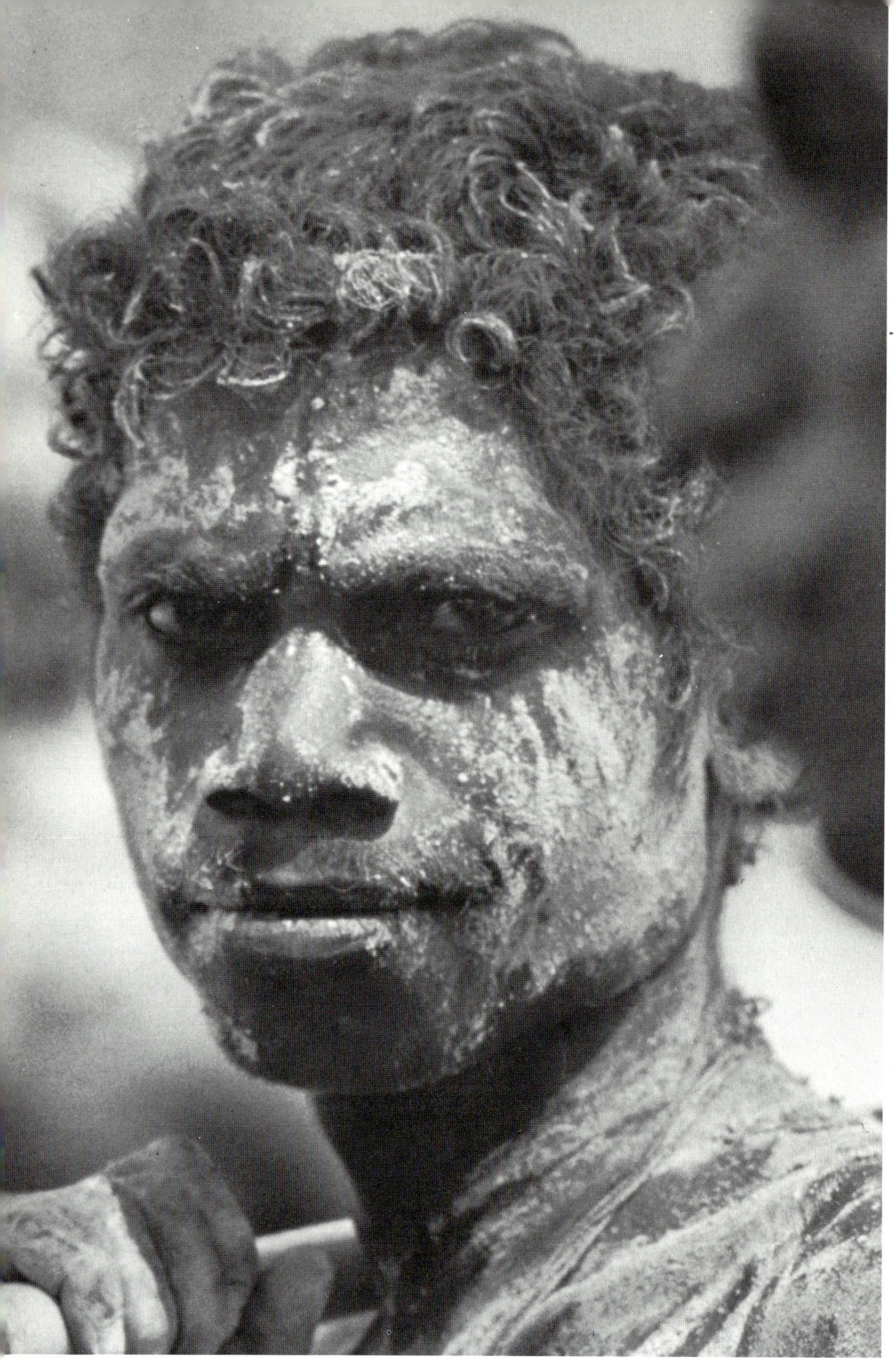

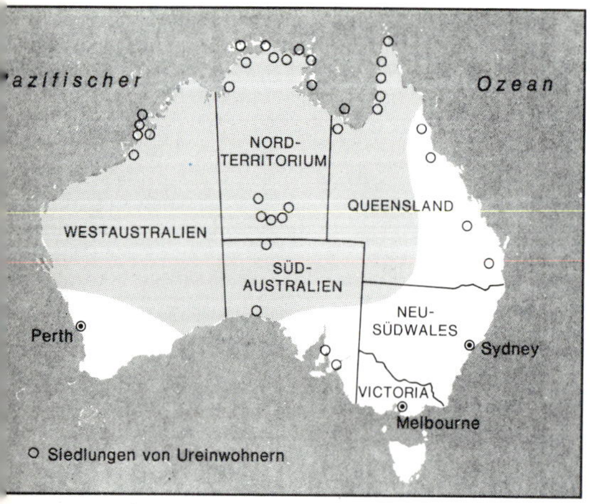

Viele Australier leben noch wie in der Steinzeit

Als James Cook 1770 die australische Ostküste erkundete, lebten auf dem kleinsten aller Kontinente ungefähr 300000 bis 400000 dunkelhäutige Ureinwohner. Heute meldet die offizielle Statistik 106288 Autochthone. Davon dürften etwa 30 Prozent Mischlinge sein. Die wenigsten »Aborigines« halten noch an alten Traditionen fest.

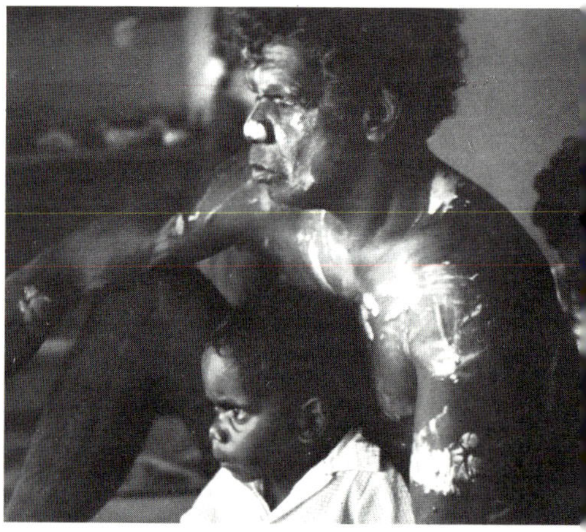

Lange Zeit hielt man die Australier für primitiv, kulturlos und nicht bildungsfähig. Davon ist heute keine Rede mehr. Als Beispiele für bedeutende Kulturleistungen werden die künstlerischen Felsbilder, Rindenmalereien und Muster der Körperbemalung der Australier genannt, die inzwischen genau erforscht sind. Zu erwähnen ist auch der Bumerang, das von den Australiern erfundene sichelförmige Wurfholz. Es kehrt zum Werfer zurück, wenn dieser sein Ziel verfehlt haben sollte. Noch nicht lange ist bekannt, daß die meisten Australier drei voneinander abweichende Eingeborenensprachen, also nicht nur Dialekte, erlernen. Ihr gesellschaftliches Leben wird von der Zugehörigkeit zu einer Familie und einem Clan bestimmt. Die sich daraus ergebende Verwandtschaftsrechnung und Heiratsordnung wird an Kompliziertheit von keinem anderen Naturvolk übertroffen. Ihr kultisches Leben, das von der Geburt bis zum Tod von vielen Ritualen begleitet wird, ist von magischen Vorstellungen erfüllt. Besonders das »Land« ist dabei von Bedeutung.

250 *Eine schlichte Überdachung bietet Schutz vor Witterungseinflüssen – feste Häuser kennen die Australier nicht. Ihre Muster*

der Körperbemalung gehen auf uralte Vorlagen zurück. Oft sind auch Schmucknarben anzutreffen.

Die ersten Siedler hatten eine unverhohlene Abscheu vor den dunkelhäutigen Männern, mit denen sie auf ihren Streifzügen durch das Landesinnere zusammentrafen. Sie hielten die »Aborigines« (Ureinwohner) gar nicht für Menschen, sondern für Tiere – und behandelten sie auch wie Tiere, die man zur Arbeit abrichtet oder abschlachtet. Noch um die Wende zum 20. Jahrhundert erteilten die Behörden Bewilligungen zum Abschießen von »Boongs«, wie die »Australneger« (eine unzutreffende Bezeichnung) abschätzig genannt wurden.

Anders als die nordamerikanischen Indianer wehrten sich die Australier nicht, als die Weißen ihnen das Land wegnahmen. Sie flohen und gingen zugrunde, weil die Vertreibung aus dem angestammten Territorium ihnen den Glauben und den Lebenswillen nahm. Oder sie vegetierten am Rande des weißen Wohlstands, in den Slums der großen Städte, oft arbeitslos, krank, dem Alkohol verfallen. »Lady Äthylakohol, hindere uns am Schreien, am Hassen, hilf uns beim Sterben!« – dieser Aufschrei findet sich in einem Werk des australischen Dichters Jack Davis.

Australien wurde schon im Verlauf der letzten Eiszeit, also vor etwa 20000 Jahren, besiedelt. Weil der Meeresspiegel um diese Zeit etwa hundert Meter tiefer lag als heute, bildeten sich Landbrücken zwischen Asien und Australien, die die Zuwanderung begünstigten. Das Ansteigen des Meeresspiegels schnitt die Uraustralier dann von ihren Heimatgebieten ab.

Die Steinzeit-Australier gehörten demselben Rassentypus an wie die Australier von heute. Funde weisen die enge Verwandtschaft der Uraustralier mit Völkern nach, die einst auf den Inseln Indonesiens und auf Neuguinea lebten. Die Australier entwickelten sich wie auch die Tier- und Pflanzenwelt des Kontinents auf eigenen Wegen weiter. Um 3000 v.Chr. sind aber schon Einflüsse aus Indonesien und Melanesien nachweisbar. Es muß also damals schon möglich gewesen sein, die bedeutenden Entfernungen – Java ist über 1000 Kilometer entfernt – per Boot zu überwinden.

Die Australier selbst sind der Überzeugung, ihre Vorväter seien aus einem Land im Nordwesten gekommen. Dort habe eine Ameiseninvasion Zustände geschaffen, die zur Auswanderung zwangen. Die ersten Einwanderer ließen sich wohl im Norden des Landes nieder. Dort und in den wüstenartigen Zentralregionen Australiens finden sich auch heute noch die meisten Siedlungen von Ureinwohnern.

Australiens Tierwelt hat sich auf eigenen Wegen höherentwickelt

Australien und das asiatische Festland bildeten noch zur Kreidezeit einen zusammenhängenden Kontinent, Gondwanaland genannt. Nach der Trennung entwickelte sich die Tier- und Pflanzenwelt Australiens auf eigenen Wegen weiter. Es gibt hier Tiere, die sonst überall auf der Welt längst ausgestorben sind, weil sie den weiterentwickelten Säugern im Kampf ums Dasein unterlegen waren. Dazu gehören vor allem die Känguruhs (unten links) und andere Beuteltiere, aber auch der von Eukalyptus lebende Koala (links), das Urbild des Teddybären. Unten: Kleine Alligatoren sehen wie Spielzeug aus.

Die Australier sind keine typischen Nomaden. Sie wandern zwar, bleiben aber dabei im Bereich ihres Territoriums. Ihre Bindung an »das Land« ist unerhört stark. Religiöse und soziale Riten sind eng mit der Stammesregion verbunden. Wird diese Bindung gelöst, ist der Australier entwurzelt und verloren. Die ersten weißen Einwanderer konnten deshalb den Australiern nichts Schlimmeres antun, als ihnen ihr Land wegzunehmen. Die Verjagten verloren ihre »Bodenbindung«, viele von ihnen starben auf fremden Territorien.

Zur sozialen Gewohnheit der engen Verbundenheit mit dem Heimatboden paßt das ausgeprägte Familienleben der Australier mit seiner Gliederung in Familie, Klasse und Totemgruppe. Die Kompliziertheit der Totem- und Klassenverwandtschaften, die Vielfalt der Riten und Zeremonien wird von keinem anderen Naturvolk übertroffen. Für jede Stufe, jeden Zustand des Lebens gibt es ein eigenes Ritual. Das beginnt schon mit der Geburt, setzt sich beispielsweise bei der Beschneidung der Knaben fort und erreicht einen Höhepunkt in den strengen Vorschriften der Heiratsordnung. In den Augen der Australier sind die Weißen Abenteurer, die sich ohne große Umstände, ohne Tabus und Zeremoniell paaren.

Alle Lebensstufen werden dramatisiert, in Tänze oder Gesangs-Tanz-Kompositionen (Corroborees) umgesetzt – und zwar bis in die kleinste Einzelheit. So gibt es beispielsweise ein Tanzfest zur Erinnerung an das Eintreffen der Vorväter in Australien, das Wanji-wanji-Fest, das bis zu vierzehn Tage dauern kann, mit täglich drei »Vorstellungen«. Und es kommt vor, daß »Inszenierungen« dieser Art von Stamm zu Stamm weitergetragen werden.

Tänze können aber auch friedliche Wettbewerbe zur Entscheidung von Rivalitäten zwischen zwei Gruppen sein; in diesem Fall »ersetzen« sie blutige Auseinandersetzungen, wie sie früher häufig genug vorkamen. Jede Gruppe studiert ihren Tanz auf einem eigenen »Übungsplatz« ein; erst dem eigentlichen Wettstreit dürfen Zuschauer beiwohnen.

Mancherlei Sagen und Legenden zeugen vom geistigen Verständnis der Australier. Berühmt ist die australische Schöpfungsgeschichte, die bei den Bewohnern der Nullarbor-Ebene erzählt wird: Am Anfang lag große Finsternis über der Erde. Wohl gab es Leben, aber kein Bewußtsein. Da entsandte der große Vatergeist eine junge Göttin, die Pflanzen und Tiere und den großen Strom Murray brachte. Dann kehrte sie in den Himmel zurück und sandte ihren Sohn, der das Volk trösten und regieren sollte.

Die Unterscheidung zwischen Bewußtsein und Unbewußtem spielt auch in anderen Überlieferungen eine Rolle. Die Vorzeit wird als Traum-Zeitalter betrachtet. Aus ihm wurde der Mensch eines Tages herausgerissen und lernte, zwischen Wachen und Schlafen zu unterscheiden. Die Deutung von Traumerlebnissen steht jedoch nur wenigen Menschen zu, die mit der Fähigkeit begabt sind, die »Traumzeitgeister« zu hören.

Über die Frage, ob die Australier intelligent seien, denkt heute niemand mehr nach. Sie verstehen genug von Botanik und Zoologie, um in der kargen australischen Landschaft überleben zu können. Von ihnen lernten die Weißen, wie der Eukalyptusbaum medizinisch zu verwerten sei. Sie können Nachrichten über größere Strecken durch Rauchsignale übermitteln. Viele von ihnen lernen drei und mehr voneinander unabhängige Sprachen. In der Fähigkeit des Spurenlesens übertreffen manche Australier die für Techniken dieser Art berühmten Indianer.

Die Australier erfanden den Bumerang, die aus einem winklig gewachsenen Stück Holz gearbeitete Waffe zur Jagd auf leichtes Wild. Wirft man ihn richtig, so kehrt er in elegantem Bogen zum Werfer zurück, wenn dieser sein Ziel verfehlt haben sollte. Und schließlich sind die Australier auch Meister in der Fähigkeit, mit zwei Stäben Feuer zu machen. Der Überlieferung nach lernten sie diese Technik, deren Nachahmung Weißen in der Regel nicht gelingt, von einer Wasserratte, aus deren Klauen Funken sprangen, als das Tier an den Wurzeln eines Baumes kratzte und scharrte.

Die Australier von heute werden von einem eigenen Ureinwohner-Ministerium betreut, das sich vor allem um Erziehung (13 000 Kinder besuchen Grundschulen) und Gesundheitsfürsorge (die Sterblichkeitsrate sank erheblich) kümmert. Insgesamt betrachtet haben die Australier heute ungefähr den Lebensstandard erreicht, den ihre weißen Landsleute um 1900 hatten – sagt das Ministerium.

Die weitere Anpassung des Lebens der Uraustralier an weiße Vorstellungen ist nicht aufzuhalten. Kritische Betrachter fürchten allerdings, der Australier werde unter diesen Umständen allmählich vergessen, was er war, ohne je zu erfahren, was er werden soll. Denn sein Fortschritt führe geradewegs ins Nichts.

Register

(*Kursiv* gedruckte Zahlen verweisen auf Abbildungen)

Bildquellen

Farbfotos

Colorific Photo Library Ltd., London (10); Klaus D. Francke, Hamburg (10); Michael Friedel, München (1); Dr. Georg Gerster, Zumikon (17); Susan Griggs, London (5); Heinrich Harrer, Kitzbühel (73); John Hillelson Agency, London (2); Thomas Höpker, München (4); Walter Imber, Laufen (1); Hans Joachim Kürtz, Möltenort (6); Laenderpress/Magnum, Düsseldorf (11); Oskar Luz (Deutsche Nansen-Gesellschaft), Tübingen (16); Thomas Maler, Reinsbek (5); Susanne Schapowalow, Hamburg (12); Shostal Associates Inc., New York (4); Three Lions, New York (2); Hans Rudolf Uthoff, Hamburg (14); Dr. Werner Wrage, Hamburg (3); Zentrale Farbbild Agentur, Düsseldorf (6).

Schwarzweißfotos

Colorific Photo Library Ltd., London (7); Klaus D. Francke, Hamburg (4); Freelance, New York (1); Michael Friedel, München (2); Dr. Georg Gerster, Zumikon (8); Susan Griggs, London (3); Heinrich Harrer, Kitzbühel (42); John Hillelson Agency, London (1); Paolo Koch, Zollikon (1); Hans Joachim Kürtz, Möltenort (4); Laenderpress/Magnum, Düsseldorf (5); Oskar Luz (Deutsche Nansen-Gesellschaft), Tübingen (11); Thomas Maler, Reinsbek (4); Ernst Manker (Merian), Hamburg (1); Susanne Schapowalow, Hamburg (5); Shostal Associates Inc., New York (2); Three Lions, New York (1); Hans Rudolf Uthoff, Hamburg (9); Dr. Werner Wrage, Hamburg (3).